青春文庫

知られざる幕末維新の舞台裏

西郷どんと篤姫

中江克己

青春出版社

はじめに

西郷《さいごう》どんの銅像といえば、東京・上野公園に立つ、着物姿で、犬を連れているものがよく知られている。庶民的だと評判は高い。もう一つ、鹿児島の鶴丸城《つるまるじょう》跡に立つ西郷像は、上野のそれとくらべると対蹠的《たいしょてき》だ。陸軍大将の軍服姿で、いかめしい。しかし、どちらにも共通しているのは、大人物らしい風格があることだろう。

ところで、西郷どんの名前だが、本書のなかでは、通称にしたがって西郷吉之助《きちのすけ》の名を使った。書名は『西郷どんと篤姫《あつひめ》』としたが、西郷吉之助は篤姫とどのような関わりがあるのか、不思議に思う読者がいるかもしれない。

じつをいうと、大きな接点が二つあった。西郷は二十八歳のとき、薩摩《さつま》藩主・島《しま》津《づ》斉彬《なりあきら》から御庭方《おにわかた》に任じられ、江戸での情報収集や交渉などに活躍する。

やがて篤姫が大奥へ輿入《こしい》れするに際して、西郷は斉彬から命じられ、篤姫の調度品や衣装などの支度《したく》に尽力《じんりょく》した。これは、篤姫に面談して好みなどを聞き出したわけではない。当時は封建的な階級社会であり、西郷の身分では篤姫と面談するなど許されないことだった。

しかし、篤姫は会ったことも、話したこともない西郷が輿入れの支度に誠意を尽くし、見事な品々を揃えてくれたことに感謝したにちがいない。篤姫はそのような誠意を理解することができたし、情に厚い女性だった。

もう一つの接点は戊辰《ぼしん》戦争がはじまり、薩摩軍に押されて、幕府軍の敗色が濃くなってからのことだ。幕府軍は朝廷に刃向かったとして朝敵《ちょうてき》とされたが、やがて西郷は新政府軍の指揮官として、大軍をひきい、江戸へと進軍してくる。

それを聞きおよんだ篤姫は、まず徳川宗家《とくがわそうけ》の家名を守ることを考えた。さらに江戸城が攻撃され、江戸の町が火の海になることを恐れた。嘆願書をしたためると使者に持たせ、西郷へ届けさせたのである。一方、西郷は西郷で勝海舟《かつかいしゅう》と会談し、江戸城を無血開城《むけつかいじょう》とすることを決めた。小さな声かもしれないが、篤姫は江戸城総攻撃の中止に一役買ったのだ。

西郷は若き日、藩主斉彬に見出され、活躍のきっかけをつかんだ。篤姫もまた、斉彬の眼鏡にかない、将軍の花嫁候補として江戸へ赴《おもむ》き、入輿《じゅよ》の準備を進めた。

そうしたことを考えると、二人のあいだには、他人には知ることができない不思議な絆《きずな》で結ばれていたのではないか、とも思える。

西郷は三十代後半の大事な時期を奄美大島《あまみおおしま》、徳之島《とくのしま》、沖永良部島《おきのえらぶじま》での島暮らしを余儀《よぎ》なくされる。奄美大島では島娘を妻として穏やかに暮らすが、沖永良部島では地獄のような牢生活を体験する。そのなかで西郷は「敬天愛人《けいてんあいじん》」という理想の生き方を会得《えとく》する。これは「天を敬《うやま》い、天の道を守り、自分を愛する心をもって人を愛する」ということだが、西郷は自己を鍛え、思想的にも練《ね》り上げられた結果、そこに到達したといってよい。

西郷は明治維新《めいじいしん》に尽力、「維新の三傑《さんけつ》」といわれるが、しかし最後の西南《せいなん》戦争では、ふるさと城山《しろやま》で悲劇的な死を遂《と》げなければならなかった。

西郷と篤姫との出会いは、江戸城が無血開城となったあとの一回だけ。長い年月、篤姫付の女中を通じて交流があっただけに、その一回の会見にはことばにはいいあらわせない感慨深さがあったのではないだろうか。

そのあたりに思いを馳《は》せ、これまでとは一味違う「西郷どん」の物語を楽しんでいただければうれしい。

平成二十九年十月四日

中江克己

知られざる幕末維新の舞台裏　西郷どんと篤姫◆目次

第四章　篤姫と皇女和宮の和解　109

第五章 生涯たった一度の面談 139

カバーイラスト／原田維夫
図版・DTP／ハッシィ

第一章 斉彬に見出された二人

黒船来航と吉之助の衝撃

ペリーひきいる大型の黒い船が四隻《せき》、江戸湾の入口、浦賀《うらが》の沖合いに姿を現したのは、嘉永六年（一八五三）六月三日のことだった。ペリーはアメリカ東インド艦隊司令官で、アメリカ大統領フィルモアの国書を持参していた。ペリーは、国交を求めて来日したのである。

四隻のうち、サスケハナ号とミシシッピ号は巨大な蒸気船で、もくもくと黒い煙を吐く。残りのプリマス号とサラトガ号は帆船《はんせん》だが、船の側面に鉄板を張り、黒く塗ってある。しかも、多くの大砲を搭載し、それを陸地に向けて威嚇《いかく》していた。

浦賀奉行は、幕府の報告書につぎのように書いた。

「（黒船の）進退は自由自在で、艪《ろ》や櫂《かい》を用いず、迅速《じんそく》に出没する。まったく水上を自由に動く城である」

日本人のだれもが、その偉容《いよう》におどろいた。浦賀には諸藩の兵が銃や槍をもって集まり、警固《けいご》した。海岸には多くの見物人がやってきて混乱している。むろん、江戸も騒然となった。

幕府はすでに文政八年（一八二五）二月、異国船打払令《いこくせんうちはらいれい》を出している。そのころ食糧や水、燃料などを求めて来航する異国船が目立っていたし、なかには掠奪《りゃくだつ》していく者も少なくなかった。そこで幕府は「異国船を発見したら、ただちに打ち払うこと」という強硬方針を決めたのである。

しかし、実際にペリーの巨大な黒船が現れると、打ち払うといっても、それに対抗する軍艦や武器がなかった。それにうっかり手を出すと、大事件に発展しかねない。わが国には異国船と戦って勝てる見込みは、まったくなかった。

老中の阿部正弘《あべまさひろ》をはじめ、幕府首脳が集まり、話し合ったものの、どうしたらいいのか、対策に苦慮した。

幕府はやむなく、ペリーが持参したアメリカ大統領の国書を受け取ることにしたのである。

六月九日、ペリーは三百人の水兵や軍楽隊をひきつれて、久里浜《くりはま》（神奈川県横須賀市）に上陸した。海岸には仮設の応接所がつくられ、数千人におよぶ諸藩の兵が警備している。幕府は応接所で国書を受け取った。

その内容は、友好通商、食糧や水、燃料の補給、難破したアメリカ船の保護を求めるものだった。ペリーは「来春、返書を受け取りにくる」といい残し、六月十二日に日本から離れていった。

老中阿部正弘は、諸大名をはじめ、幕臣《ばくしん》や諸藩の家臣に意見を求めた。さらに町人にまで「考えがあれば申し出るように」と告げると、合計七百通ほどの意見書が寄せられたが、名案は出てこなかった。

このとき、西郷吉之助《さいごうきちのすけ》は二十七歳であり、大久保一蔵《おおくぼいちぞう》（利通《としみち》）は二十四歳、桂小五郎《かつらこごろう》（木戸孝允《きどたかよし》）は二十一歳、勝海舟《かつかいしゅう》が三十一歳だった。そのほか、吉田寅次郎《よしだとらじろう》（松陰《しょういん》）二十四歳、坂本龍馬《さかもとりょうま》十九歳、板垣退助《いたがきたいすけ》十七歳、大隈重信《おおくましげのぶ》十六歳、高杉晋作《たかすぎしんさく》十五歳、伊藤利助《いとうりすけ》（博文《ひろぶみ》）十三歳である。こうした若者たちが、やがて維新《いしん》の舞台で活躍し、日本という国を動かしていく。

ペリー艦隊が来航したのは、吉之助が鹿児島で郡方書役助《こおりかたかきやくたすけ》をつとめていたときのことだ。郡方書役助としてひたすら村を巡回し、薩摩《さつま》の農民たちの力になれるよう農政について考えていた。

そのほか、いくつかの工事に関わっている。弘化三年（一八四六）、薩摩郡高城《たき》郷（鹿児島県川内市《せんだいし》）に眼鏡橋《めがねばし》の妹背橋《いもせばし》が完成、翌年には日置《ひおき》郡串木野《くしきの》（鹿児島県いちき串木野市）で万福池《まんぷくいけ》の治水工事が行なわれたが、吉之助はどちらの工事にもかかわっている。

吉之助は、ひたすら地域農業の発展に寄与することを考え、尽力していたようだ。しかし、ペリーが浦賀にやってきて開国を求めたことを知ると、吉之助は大きな衝撃を受けた。

「一日も早く江戸へいき、藩主島津斉彬《しまづなりあきら》公のために働きたい」

藩主斉彬との運命的な出会い

西郷吉之助はペリー来航のことを知り、「なんとしても藩主斉彬公のために働きたい」と思ったが、その願いが通じたのは翌年、二十八歳のときのことである。中小姓《ちゅうごしょう》に選ばれ、嘉永七年（一八五四）一月二十一日には、斉彬の参勤交代に随行して、はじめて江戸へ向かった。

それまでの立場では、藩主に会うことさえも許されない。ところが中小姓は外出する藩主に随行したり、藩主の雑役をする役目だから、藩主と会うこともある。しかも、こんどは斉彬の参勤交代に随行するのだから、藩主にお目見《めみえ》する機会があるにちがいない。吉之助は期待して行列に加わった。吉之助が抜擢《ばってき》された理由について、吉之助自身はこう考えていた。

「農政について、たびたび意見書を出している。殿は、そのことをご存知だったのだろう」

人材をさがしていた斉彬の目に、吉之助がとまったのだ。顔を見たことはないが、農政についての意見書を読むかぎり、しっかりした考えを持っているし、有望な青年に思えた。

行列は城下町を出て西へ進み、やがて水上坂《みっかんざか》へさしかかる。坂の上には藩主の休息所がある。行列は、ここで休息となった。まわりの木々は、もはや新緑に染められている。緊張していた吉之助も木々の若葉に慰められた。

斉彬は休息所で旅装束に着替えると、側近にたずねた。

「西郷吉之助という者はいるか。呼んでまいれ」

吉之助は呼び出され、ほんの一瞬だが、斉彬と対面した。吉之助と斉彬との運命的な出会いである。

嘉永七年（一八五四）三月六日、吉之助は、はじめて江戸の土を踏む。

芝高輪《しばたかなわ》（港区高輪）の薩摩屋敷に入ると、同じ年ごろの薩摩藩士たちが出迎えてくれ、一緒に江戸で働けることを喜びあった。しかし、昨年、ペリーが来航し、大騒ぎになったことなど忘れたかのように見えた。

それは吉之助が江戸にきたばかりなので、そう思えたのかもしれない。実際、吉之助が斉彬の供をして江戸に向かっているころ、一月十六日、ペリーは七隻の大艦隊で、ふたたび来航したのだ。しかも、江戸湾内の羽田沖に乗り入れて威圧し、三月三日には日米和親条約に調印した。幕府が日米和親条約に調印せざるをえなかったのは、ペリーが強引に交渉を進めたからだった。

吉田松陰が下田《しもだ》に停泊中の軍艦ミシシッピ号に乗り、密航しようとして失敗したのは、このときのことである。

こうしてわが国は寛永十年（一六三三）に鎖国して以来、ついに開国したのだ。とはいえ、これは自由貿易を認める条約ではない。その後、通商条約をめぐって攻防がはじまるのだが、国内も開国派と攘夷《じょうい》派とが対立し、議論が沸騰していった。

やがて四月、斉彬は吉之助に庭方役《にわかたやく》を命じた。これは藩主斉彬の秘書のような役職で、斉彬の極秘の仕事を手助けしたり、情報を収集して伝えるなど、重要な職務だった。

吉之助は「藩主の意向に沿って働くことができるし、政治的な活動もできる。このうえない名誉なこと」と思い、やがて斉彬の右腕として国事に奔走《ほんそう》していく。

さしあたって斉彬が重要と思ったのは、開国問題だった。斉彬は、諸外国からの危機を乗り切る外交策を立案することをめざしていたが、そのために幕府や諸藩の要人に会い、情報収集をしたり、交渉や工作をする必要がある。

斉彬は吉之助に、その仕事を任せた。それほど吉之助を有能な男として信頼していたのである。実際、吉之助は、斉彬と二人きりで長い時間、密談することがよくあったという。斉彬の目となり、耳となって情報を集め、それを分析して報告した。さらに幕府老中の阿部正弘、水戸藩の徳川斉昭、越前藩の松平慶永（春嶽）らとの連絡役もつとめ、折衝をやってのけた。

しかし、吉之助は経験不足だし、政治的に未熟だった。斉彬は、そうした吉之助に世界情勢などを教え、視野をひろげさせたのである。吉之助の人脈は時が経つにしたがって水戸の藤田東湖、福井の橋本左内、熊本の長岡監物らへと広がっていく。同時に、西郷吉之助の名も諸国の志士のあいだで話題にのぼるようになった。

吉之助のふるさとと幼友だち

西郷吉之助（隆盛）は文政十年（一八二七）十二月七日、鹿児島を流れる甲突川のほとり、下加治屋町（現・加治屋町）で生まれた。

東には錦江湾《きんこうわん》が広がり、そのむこうには噴煙《ふんえん》たなびく桜島《さくらじま》が見える。いまとはちがってのどかなところだった。桜島は鹿児島のシンボルだが、吉之助はその雄大な桜島を眺めながら育った。むろん、多くの若者たちも桜島を見て、薩摩特有の気風を身につけたのである。

父親は薩摩藩の下級武士で、西郷吉兵衛《きちべえ》といった。小姓組で身分は低い。勘定方小頭という役についていたが、家禄も少なかった。そのため、藩庁で仕事をするほか、藩主島津家の一門、日置家やその分家、赤山《あかやま》家の会計係を兼務していた。少年時代、吉之助も畑仕事や内職をして家計を助けたほどだった。

母は政子《まさこ》といい、薩摩藩士椎原《しいはら》家の娘だが、詳しいことはよくわからない。あまり細かいことにくよくよせず、おだやかな人柄だった。しかも心が温かく、思いやりもある。吉之助は貧しいながらも、そうした両親に育てられ、質素を心がけるとともに人びとを思いやる人間に成長した。

西郷隆盛の幼名は小吉《こきち》というが、十六、七歳で吉之介《きちのすけ》、のち吉之助と改めている。実名を隆盛としたのは、維新後のことだ。

当時、武士はどのような立場であれ、多くは経済的に困窮していた。物価が高騰しているのに、武士の俸禄《ほうろく》は固定している。上級の役職に抜擢されると俸禄も高額となるが、一般的に昇給することがなかったのである。

ところで、吉之助が生まれ、育った下加治屋町は、鶴丸城《つるまるじょう》（鹿児島城）下の下級武士の町で、同じような家が七十軒ほど立ち並んでいた。吉之助の幼なじみ大久保一蔵（利通）は天保元年（一八三〇）に生まれている。

明治政府の陸相となった大山巌《おおやまいわお》、陸軍大将の黒木為楨《くろきためもと》、連合艦隊司令長官の東《とう》郷平八郎《ごうへいはちろう》らもこの町で生まれ、成長していった。どの家も武士の誇りが高く、子どもたちに負けじ魂をきびしく叩き込んだ。

その結果、長ずるにおよんで先見力や決断力を身につけ、幕末という歴史の転換期に多くの指導者を輩出することができたのである。

吉之助には多くの友だちや仲間がいたが、なかでも親しくしてきた幼友だちは、三歳年下の大久保正助《しょうすけ》（一蔵。のち利通）だった。

大久保も下加治屋町で生まれ、育った。吉之助と隣近所だったわけである。父は大久保次右衛門《じえもん》利世《としよ》といい、西郷家の父と同じ御小姓与《あずかり》だから、やはり経済的に苦しい。

少年時代、大久保も文武に励んだが、胃弱のせいもあって体が弱く、武術が得意というほどではない。そのかわり読書を好み、さまざまな書物を読んだ。討論など

西郷家 系図

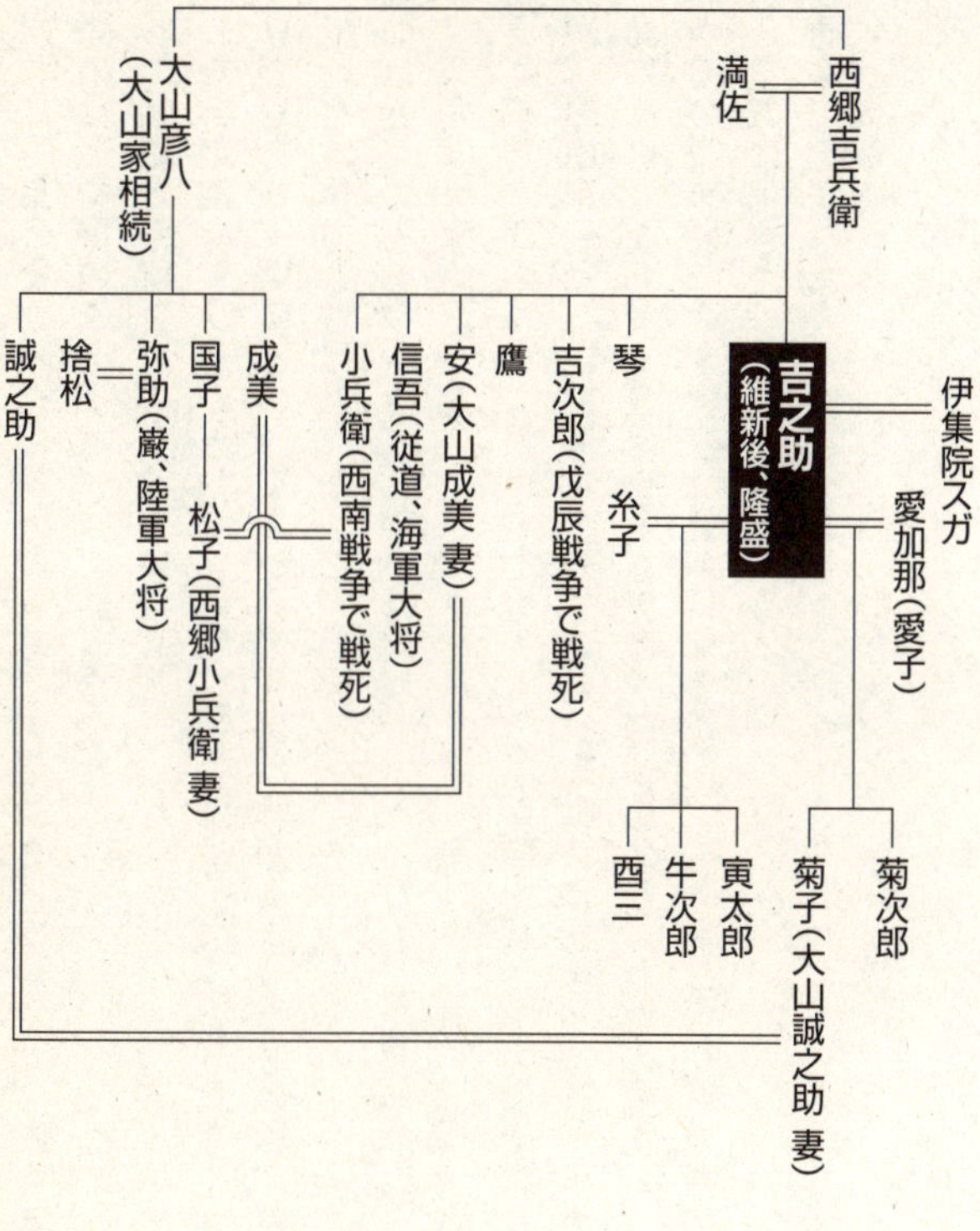
西郷吉兵衛
満佐
大山彦八（大山家相続）
吉之助（維新後、隆盛）
伊集院スガ
愛加那（愛子）
糸子
琴
吉次郎（戊辰戦争で戦死）
鷹
安（大山成美 妻）
信吾（従道、海軍大将）
小兵衛（西南戦争で戦死）
成美
国子
松子（西郷小兵衛 妻）
弥助（巌、陸軍大将）
捨松
誠之助
寅太郎
牛次郎
酉三
菊次郎
菊子（大山誠之助 妻）

では、だれにも負けなかった、といわれる。吉之助と似ていたところもあって、二人は学問のことや藩のことなど、よく語り合った。

しかし、体型とか気質は異なっていた。

成人した吉之助は、身長が五尺《しゃく》九寸《すん》余（約百七十九センチ）、体重十九貫《かん》余（約百六キロ）もあり、巨漢といってよい。大久保は背が高かったものの、胃が弱いため痩《や》せていた。体力もさほどなかった、という。

吉之助はどちらかというと鈍重《どんじゅう》で、無口だった。大久保は俊敏《しゅんびん》だし、弁舌さわやかで、二人は対照的だった。

弘化三年（一八四六）、大久保は十七歳のとき、記録所書役助として藩に出任する。ところが、お由羅《ゆら》騒動《そうどう》（次期藩主をめぐるお家騒動）に巻き込まれた。大久保の父は喜界島《きかいじま》に遠島《えんとう》となり、大久保自身も免職、謹慎を命じられたのである。

それからの数年間、大久保家は貧窮に陥ったが、大久保は母や妹たちの生活を支えながら健気《けなげ》に生きた。

吉之助は、そうした大久保を励ましつづけたこともあって、二人の友情はいっそう深まった。

吉之助を支えた弟たち

吉之助には、弟や妹が六人いた。弟は吉次郎《きちじろう》、信吾《しんご》（のちの従道《つぐみち》）、小兵衛《こへえ》、妹は琴《こと》、鷹《たか》、安《やす》である。この弟や妹たちのことを、ここで紹介しておこう。

下級武士の家では、どこも生活が貧しい。西郷の家も貧しく、一枚の布団を兄弟で引っ張りあって寝た、という逸話《いつわ》も伝えられている。幼いころから兄弟が力を合わせて働いた。吉次郎はたいへんな兄思いで、兄が働きやすいように気を使った。

そのために弟や妹たちの世話を焼き、兄に負担がかからないようにした。

吉之助が藩主にしたがって初めて江戸へ赴《おもむ》いたのは安政元年（一八五四）、二十八歳のときのことである。吉次郎は二十二歳、信吾十二歳、小兵衛は八歳だった。

そのなかで吉次郎は、つぎのようにいって兄を送り出した、というのだから健気である。

「家のことを心配しないでください」

吉之助が藩庁に出任し、斉彬のもとで働くことができたのも、弟たちが家のことを支えてくれたからだった。そのことをよく知っていた吉之助は弟に頭を下げながら感謝した。

「兄が弟に敬《うやま》われ、弟が兄をあわれむのは、兄が弟よりも世の中のことによく通じ、勝っている場合にかぎる。しかし、わたしはとてもお前にはかなわない。これからは、お前のほうが兄貴だな」

その後のことを記すと、吉次郎は明治元年（一八六八）八月十四日、戊辰《ぼしん》戦争のとき、越後《えちご》での戦いに加わった。しかし、このときの負傷がもとで帰らぬ人となった。三十六歳だった。

小兵衛は明治十年（一八七七）、西南《せいなん》戦争のとき、西郷軍の小隊長として戦ったが、三月、高瀬《たかせ》で戦死している。

信吾は戊辰戦争に従軍したのち、明治二年（一八六九）、長州《ちょうしゅう》の山県有朋《やまがたありとも》とともにヨーロッパに渡り、軍事や兵制を学んできた。軍人、政治家としての道を進んだのである。

帰国後、やがて山県と兵部省の実権を握った。

明治五年（一八七二）には、徴兵制を実施するなど、新政府で活躍した。そのため、西南戦争では政府軍の司令官に就任、兄の吉之助と戦わざるをえなくなった。

辛い思いをしたが、吉之助も同じだった。実弟の信吾（従道）や従兄弟《いとこ》の大山巖、幼いころからの親友だった大久保まで、敵にまわして戦わなければならなかったのだ。

西南戦争では、同じ薩摩人なのに多くの兄弟が敵味方に分かれて戦った。この戦争の最大の悲劇だった。

従道は、のちに海軍の創設に尽力。元帥、海軍大将になったほか、海相、内相などを歴任している。明治三十五年（一九〇二）に没したが、六十歳だった。

薩摩の鍛えの「郷中教育」

吉之助は両親によってきびしく育てられたが、もう一つ重要な影響をあたえたのは「郷中《ごちゅう》教育」という独自の教育システムだった。

まず、子どもたちは居住地にしたがって、一つの集団に組織されたが、これを「郷中」と称した。さらに年齢別に六歳から十二、三歳までの「稚児《ちご》」と、十三歳くらいから二十二、三歳までの「二才《にせ》」に分け、それぞれのリーダーを稚児頭、二才頭といった。

なお「稚児」のうち年少者を「小稚児《こちご》」といい、とくに年長の妻帯者を「長老《おせんし》」と呼んでいた。

この教育システムには、専任の教師がいたわけではない。自主的に学び、先輩が後輩を指導するなど、郷中ごとに青少年が自主的に学習し、鍛錬を行なった。

稚児は午前中、二才の家にいき、四書《ししょ》（大学《だいがく》、中庸《ちゅうよう》、論語《ろんご》、孟子《もうし》）、五経《ごきょう》（易経《えききょう》、詩経《しきょう》、書経《しょきょう》、春秋《しゅんじゅう》、礼記《らいき》）など、二才の指導を受けながら素読《そどく》と暗誦《あんしょう》を学ぶ。勉強が終わると、神社の境内や馬場で相撲をしたり、旗取りなどの遊びで体を鍛えた。午後も山や川で遊ぶ。さらに稽古場に集まり、剣術の稽古に励む。剣術は薩摩藩独特の示現流《じげんりゅう》だが、稚児たちはまだ幼いので、横木打ちを練習し、刀の使い方を基本から学んだ。

郷中教育の目標は忠孝仁義《ちゅうこうじんぎ》、質実剛健《しつじつごうけん》の精神を養うことにあった。文武の練磨はむろん、年上の人を尊敬したり、必ずあいさつをすること、決まりを守ることなどを厳格に指導する。これは先輩の役目だが、これができなければ先輩がしごいたり、制裁を加えるなどきびしいものだった。

吉之助も幼少期には、そのようにして鍛えられた。十三歳で二才になったが、二才になると後輩の稚児たちを指導したり、藩校の造士館《ぞうしかん》に通い、朱子学《しゅしがく》などを学んだ。さらに夜には何人か集まってくる二才たちに『太閤記《たいこうき》』や『三国志《さんごくし》』など軍書を読み、詮議《せんぎ》をした。

詮議は徹底的な話し合いのことだが、要するに武士としての心得を議論すること だった。

武士として大切なことは、とっさの判断ができるかどうかである。議論を重ねて思考力を高め、感性を磨いていくうちに判断力も身につく、とされていた。

吉之助をはじめ、いずれも剣術の稽古に熱心だった。しかし、吉之助は喧嘩がもとで右肩を負傷し、剣術修業は途中であきらめたという。

十三歳のときのことだが、造士館からの帰途、ほかの郷中の連中と喧嘩になり、一人の少年が鞘《さや》ごと刀を振りまわし、吉之助に打ちかかってきた。

いくら喧嘩とはいえ、刀を抜くのは厳禁で、あくまで素手でなければならない。しかし、吉之助が右腕で少年の振りまわした刀を防ぐと、運悪く鞘が割れ、吉之助の右腕は斬られてしまったのだ。

吉之助は、その少年の行く末を思い、「自分が転んで怪我をしただけ」といい張って、その事故をないことにした。吉之助はやさしい男だった。

ところが、刀傷はすぐ治ったものの、右腕が自由に使えず、吉之助は剣の修業をあきらめざるをえなかったのである。そのかわり、学問に打ち込みはじめた。

十八歳で郡方の役人に

吉之助が十八歳で藩に出仕、郡方書役助の任命を受けたとき両親は大喜びだった。

「よく知っていると思うが、郡方というのは郡内の村を巡回し、村役人の監視や指導をするほか、年貢《ねんぐ》の監督をする役所だ。いまは書役助といって、文書担当の見習いだが、手は抜けない。真面目に勤めに励むのだぞ」

父は生真面目な男だったから、念を押すようにいった。

「体を大事にしなさい。病にでもなれば、お勤めもままなりませぬ」

母は吉之助の体を心配した。大柄で見るからに元気な吉之助だが、母ともなればわが子がいつまでも健《すこ》やかでいてほしい、というのが切実な願いだったのだろう。

吉之助が出仕した当時、郡方奉行は迫田太次右衛門利済《さこたたじうえもんとしなり》といい、高潔な人物だった。高い見識をもち、公平無私の態度で、農民のことを第一に考えて行動した。吉之助は、迫田から多大な影響を受けた。

そのころ、地方役人の不正が横行していた。ワイロを持ってくれれば年貢を安くするし、そうでなければ高くする。地方役人のしたい放題だった。若い吉之助には、それが我慢ならない。

「迫田様。地方役人の不正はただすことができないのでしょうか」

吉之助は迫田に訴えた。しかし、藩の年貢取立てもきびしかった。

土地はすべて藩のものだし、年貢は収穫予想の八割近かったからべらぼうである。農民のなかには、苦しみに堪えかねて逃散《ちょうさん》する者もいた。吉之助は、自分の貧しかった少年時代の辛さを思い出し、農民の現状に心を痛めた。

薩摩藩が年貢をきびしく取り立てたのは、藩自体、財政難に苦しんでいたからだ。遠方からの参勤交代だけに、経費がばかにならない。さらに江戸屋敷の維持費、幕府に命じられた土木工事の負担金など、金のかかることばかりだった。だからといって、きびしい年貢を押しつけられては、農民もたまらない。

郡方奉行の迫田は、情容赦のない藩の過酷なやり方に憤《いきどお》り、つぎの歌を残して職を辞した。

「虫よ虫よ　五《いっ》ふし草の根を絶つな　絶たばおのれも　共に枯れなん」

虫とは搾取する役人や藩庁、五ふし草とは稲のことで、農民を指している。迫田は「農民を苦しめてばかりいては、やがて藩も倒れてしまう」と訴えたのである。

迫田は郡方奉行だが、藩政に関わる実力はない。しかし、さすがに見かねたのだろう。嘉永二年（一八四九）には、とくにひどい凶作で苦しむ農民たちを見て、藩庁に「年貢を減額していただきたい」と訴え出た。

ところが、藩庁からは「不作つづきだが、年貢の減はしないように」と命じてくる。迫田は藩政に失望し、「虫よ虫よ」の歌を宿舎に書き残し、郡方奉行を辞任したのである。

もっとも吉之助が就職した「郡方書役助」は、父と母が喜んだものの、地味な役職である。しかも「書役助」とあるように書役の見習いだ。吉之助の給与は年に四石《こく》だった。

この四石を現代の通貨に換算するのはむずかしいのだが、一石を十万円と単純に換算してみると、年収は四十万円である。江戸にくらべると、鹿児島の生活費は安上がりと見られるが、それでもたいへんだった。

吉之助はその後、書役になり、二十七歳までの十年間、郡方につとめた。その間、藩内各地を歩いて農業の実際を見聞きしたり、農業書を学んだりして、農政の専門家になった。

吉之助は、多くを学んだ郡方奉行迫田太次右衛門利済が辞任したことに大きな衝撃を受けた。だから吉之助はその後、迫田が残した歌を胸に刻みつけ、藩主斉彬に意見書を提出し、藩の農政を批判しつづけたのである。吉之助の意見書はやがて斉彬の目に留まるのだ。

藩内を二分したお由羅騒動

いまの藩主は島津斉興《なりおき》だが、つぎの藩主はだれにするか。

嘉永元年（一八四八）、吉之助が二十二歳のときのことだが、次期藩主の座をめぐって、藩を二分するお家騒動が起きた。「お由羅騒動」といい、死者が出るほどだし、一件落着となるまで二年もかかっている。吉之助は直接かかわっていないが、騒動から多くのことを学んだ。

斉興には、三人の男子がいた。長男の斉彬、鳥取藩主池田《いけだ》家を継いだ次男の斉敏《なりとし》、三男の久光《ひさみつ》である。久光は妾腹《めかけばら》の子で、母はお由羅といい、江戸四国町《しこくまち》（東京都港区三田《みた》）の大工《だいく》棟梁《とうりょう》、藤左衛門《とうざえもん》の娘だった。

お家騒動が起きたとき、斉彬は四十一歳、久光は三十三歳である。早くから斉彬が次期藩主として公儀に認められていたのだが、斉興は側室のお由羅が産んだ久光を寵愛《ちょうあい》した。お由羅はそれをいいことに、わが子久光を藩主にするため、調伏《ちょうぶく》や毒殺などの陰謀をめぐらせたほどだ。

家老の調所広郷《ずしょひろさと》はお由羅に味方したが、調所はなかなかのやり手だった。薩摩藩が抱えていた五百万両の負債を帳消しにするため、調所は二百五十年賦償還法を決め、事実上の借金踏み倒しを図《はか》った。さらに密貿易に手を出し、藩財政の建て直しを行なった。

斉彬派と久光派とが対立するなか、斉彬派に追及されて密貿易が露見した。これは斉彬が老中阿部正弘に暴露したともいわれ、幕府隠密《おんみつ》が動いたため、密貿易が明らかになった。調所は十二月十八日、江戸桜田《さくらだ》の薩摩藩邸で「自分一人の責任」との遺言を残して服毒自殺した。

そうした一方、斉彬派が企《くわだ》てていた久光派への暗殺計画が漏れ、斉興は嘉永二年（一八四九）十二月、斉彬派を粛清《しゅくせい》した。首謀者六人が切腹、三人が座敷牢、十一人が遠島などきびしいものだった。

藩を二分した対立は、幕府にとっても看過《かんか》できない重大な事態だった。そのため、老中阿部正弘が介入し、嘉永四年（一八五一）二月、退隠《たいいん》した斉興のあとを継いで斉彬が藩主につくことで落着した。

吉之助は騒動にかかわったわけではないが、大きな衝撃を受けている。それは、嘉永三年（一八五〇）、騒動にかかわったとして赤山靭負《あかやまゆきえ》が切腹を命じられたこと

お由羅騒動 相関図

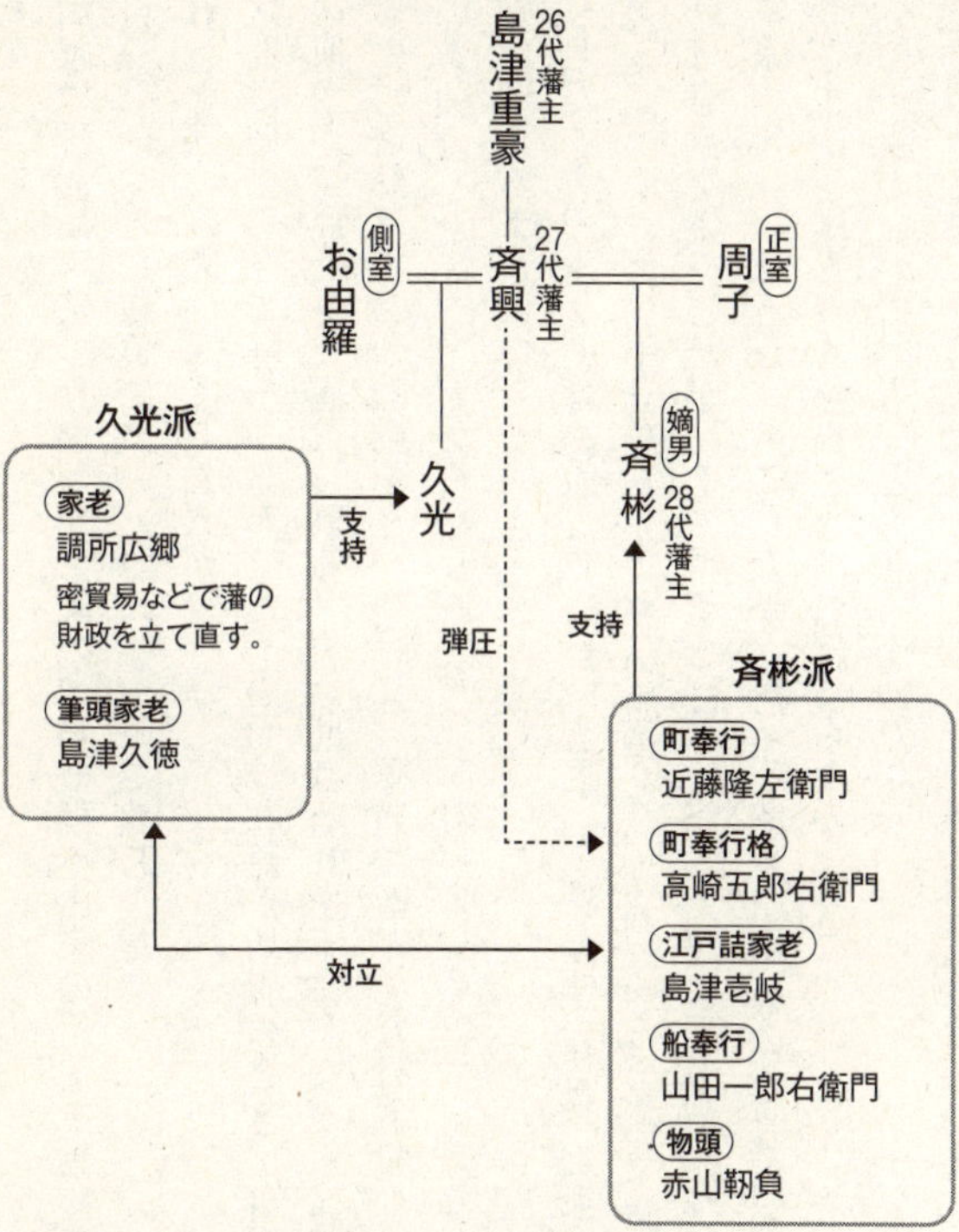

文政７年（1824）、正室の周子が33歳で病死。そのため、次男久光を産んだ側室のお由羅が、次期藩主は嫡男斉彬と決められているのに、斉彬を廃嫡し、久光を藩主につけようと画策。このため藩内を２分する争いとなった。老中阿部正弘が介入し、嘉永４年（1851）、斉彬が家督を相続して、争いは決着した。

だった。

赤山家は日置島津家の分家だが、父の吉兵衛は赤山家の用達《ようたし》を勤めていたし、吉之助自身、いくども靭負に会い、藩政について教わった。

「あれほど藩のために尽くした人が」

吉之助は口惜しさで身をふるわせた。のちに靭負はそれを手にしながら、悲憤慷慨《ひふんこうがい》した。染めの肌着が遺品として届けられる。のちに靭負が切腹のときに着用していた血

さらに吉之助は、この騒動をきっかけに「藩政を改革しなければならない」という思いを強くした。「そのために自分は何をすればいいのか」と、自分の生きる道を真剣に考えるようになった。

そうした一方、吉之助は嘉永五年（一八五二）、同じ藩士伊集院兼寛《いじゅういんかねひろ》の妹スガを妻に迎えた。すでに二十六歳だから早い結婚というわけではない。晴れの門出に、吉之助は意欲を燃やしたが、その希望を打ちくだくように不幸が襲ってきた。

翌嘉永六年（一八五三）のことだが、祖父の龍右衛門《たつえもん》、父の吉兵衛《きちべえ》、母の政子《まさこ》と、つづけざまに三度も葬式を出さなければならなかったのである。

「自分の一生のなかで、もっとも悲しかった年」

吉之助は、のちにそう述懐したほどだった。当時は貧しかったのに、費用がかさ

み、吉之助と妻のスガはたいへんな苦労を強いられた。

そのような状況のなかで、吉之助は父の死にともない、家督を継ぐ。一家の主として幼い弟や妹の面倒を見るのは、楽なことではない。吉之助は、下加治屋町の家を手離し、上之園町《うえのそのちょう》で借家生活を余儀なくされた。

藩主となった島津斉彬

嘉永四年（一八五一）二月、島津斉彬は四十三歳で藩主になった。嘉永二年（一八四九）の「お由羅騒動」で藩内は混乱し、斉彬の藩主就任はおくれていた。だが、老中阿部正弘が間に入って、斉彬の藩主就任が実現し、騒動も決着した。

西郷吉之助は、藩主斉彬に見出され、江戸で活躍する機会をあたえられた。海外のことなど、さまざまなことを教えられ、成長したといっても過言ではない。このち篤姫《あつひめ》についてふれるが、篤姫もまた斉彬の目にとまり、大奥入りの第一歩を踏み出す。

つまり、斉彬は吉之助や篤姫に大きな影響をあたえた人物だった。歴史に「もしも」はないのだが、もし、斉彬という藩主がいなければ、吉之助と篤姫の行く末は大きく変わったかもしれない、それほど二人にとって、斉彬は重要なキーマンだった。

斉彬は文化六年（一八〇九）、江戸の薩摩藩邸で生まれた。父は藩主斉興、母は周子《かねこ》である。幼いころから豪放で進歩的だった曾祖父重豪《しげひで》に愛され、その進歩的な気風を受け継いで育った。早くから海外文化に関心を抱き、中国語やオランダ語で挨拶できるほどだったという。

斉彬が藩主になる前、このようなことがあった。

弘化三年（一八四六）閏《うるう》五月二十七日のことだが、アメリカ東インド艦隊が浦賀に来航し、日本の開国意志をたしかめにきた。司令官ビッドルは戦艦コロンバス号とスループ艦（一本マストの帆船）ビンセンズ号をひきいている。コロンバス号は全長六十五メートル、乾舷《かんげん》の高さ七メートルと巨大だ。砲甲板《ほうかんぱん》は三層になっており、大砲を七十六門備えている。海に浮かぶ要塞である。

艦上に乗り込んだ幕府役人にたいして、つぎのように要求した。

「われわれは清国《しんこく》との貿易を約束したところだ。日本とも同じ約束を求めるため、立ち寄った」

しかし、幕府は「通商を許可しない」と拒絶。艦隊はやむなく退去した。

琉球《りゅうきゅう》にも同じようにヨーロッパ諸国の軍艦や商船が接近していた。同じ年のことだが、フランス軍艦が琉球に来航し、通商条約の締結とキリスト教布教の許可を求めた。薩摩藩はその対応をめぐって混乱したが、斉彬が藩主の名代《みょうだい》として琉球へ赴《おもむ》き、十分に説得してフランス艦を退去させた。

このようなことをきっかけに、幕府は弘化三年六月一日、琉球の開国を認めると、薩摩藩に伝えてきた。琉球と諸外国との貿易を認めることによって、日本への外圧をやわらげようという狙いがあったようだ。

その後、藩主になってからの斉彬は、いつまでも鎖国を続けられるものではなく、開国は時代の流れだと感じていた。それだけに、幕府と諸藩が力を合わせて外国との交渉にあたらなければならない、と考えたのである。

とくに嘉永六年(一八五三)、ペリーが四隻の黒船をひきいて浦賀に来航して以来、その思いが強くなったようだ。海防強化のために、西洋技術を取り入れた工場を建設していく。大砲をつくるための反射炉《はんしゃろ》と溶鉱炉、そのほかガラス工場、紡績工場、火薬工場など、これらの工場群を「集成館《しゅうせいかん》」と命名した。

さらに鎖国以来、禁止されていた大船建造に着手する。むろん、幕府を説得してのことだが、造船場をつくり、大型の蒸気船と帆船軍艦の建造をはじめたのだ。

こうして、わが国初の西洋式軍艦「昇平丸《しょうへいまる》」を完成させた。大砲を十六門も装備したものだが、斉彬はこれを江戸へ運び、幕府に献上している。

篤姫、江戸へ

お由羅騒動が終息したのち、しばらくして藩主斉彬の意を受け、江戸へ向かう女性がいた。篤姫である。嘉永六年（一八五三）八月二十一日、篤姫十七歳のときのことだった。

その五か月ほどのちには、西郷吉之助が江戸へ出立する。先に述べたように、斉彬の参勤交代にしたがってのことだが、斉彬は江戸に着くと、吉之助を自分の目として、耳として縦横に働いてほしい、と思うようになった。情報収集やさまざまな工作を期待してのことである。

篤姫を江戸へ赴かせたのは、大奥に入り、将来の御台所《みだいどころ》になってほしい、という願いがあったからだ。

出立の朝、篤姫は鶴丸城《つるまるじょう》（鹿児島城）御書院《ごしょいん》の座敷で父となった島津斉彬から別れの盃を賜《たまわ》ったあと、言葉をかけられた。

「道中つつがなきように」

それを耳にして、江戸ゆきが本当のことなのだと実感した。

篤姫は冷静だった。老女の幾島《いくしま》にともなわれて、座敷から退出する。すでに二の丸下には行列が整えられ、篤姫が姿を現すのを待ちかまえていた。

早朝なので大気が澄み、気持ちがいい。

「もう桜島を見ることはないかもしれない」

篤姫の胸にこみあげるものがあったが、それを押さえながら駕籠《かご》に乗り込んだ。

幾島は頭がよく、機転がきくし、腹のすわった女性だった。篤姫が実家の今和泉《いまいずみ》家から鶴丸城に移り、島津家の養女となって以来、篤姫の教育係をつとめた。江戸での暮らしに困ることがないようにとの配慮である。

江戸への道中、薩摩藩江戸屋敷に入ってからは、幾島が篤姫付の老女として、なにかと篤姫の世話を焼いた。老女というのは、侍女《じじょ》のかしらである。篤姫に仕えたときは五十歳を越えていたが、髪を黒く染め、背筋をのばして大声でものをいうなど、気力も十分だったようだ。

もともと前藩主斉興に認められ、都姫《いくひめ》（斉彬の姉）付の老女として尽くした。都姫が左大臣近衛忠熙《このえただひろ》に嫁いだとき、京へ同行している。都姫は三十三歳で病死したが、幾島はそのまま近衛家に奉公し、都姫の菩提《ぼだい》を弔《とむら》っていた。

それを斉彬が篤姫の教育係として呼び戻したのである。

篤姫の行列は八月二十一日に出立したが、薩摩から江戸まで四百十一里（約千六百四十四キロ）、途中休まずに先を急いでも一か月余はかかる。篤姫の場合、二か月の長旅になると見込んでいた。それというのも大坂や京などで挨拶すべき家がいくつもあったからだった。

長距離になるため、どの道筋をいくか、あれこれと検討されたが、錦江湾《きんこうわん》を船で渡り、垂水《たるみず》から山越えとなる。さらに串間《くしま》の福島《ふくしま》から海路となり、下関《しものせき》では休息を取る。瀬戸内海は船旅だが、大坂からは陸路とし、途中、薩摩藩の京屋敷にとどまり、近衛家へ挨拶した。

近衛家は代々五摂家《ごせっけ》（近衛、九条《くじょう》、一条《いちじょう》、鷹司《たかつかさ》、二条《にじょう》）の筆頭の格式をもつ家だった。当主の中納言近衛忠熙は左大臣をつとめていたが、有力な尊皇攘《そんのうじょう》夷《い》派で、幕府にはなにかと批判的だった。

篤姫は藩主島津斉彬を父に、やがては将軍の御台所として輿入《こしい》れする手はずになっていた。そのため、篤姫を近衛家の養女にする話も持ち上がっていた。

近衛家が養女の話を受けたのも、経済的事情による。当時の公家は格式があっても、扶持《ふち》（収入）はきわめて少ない。したがって武家から養子縁組の話があると、それに伴って金品の贈与があるので大喜びをする。むろん、近衛家も同じだった。

ところで、篤姫の一行は、船で大坂へ向かう。大坂からそのまま淀川《よどがわ》をさかのぼる。やがて篤姫は、駕籠に乗ったまま船から下ろされ、土佐堀《とさぼり》の薩摩藩邸へと向かった。ここで数日、旅の疲れをとると、京の薩摩藩邸へ移動する。幾島は、さっそく近衛家に挨拶に出かけた。

近衛家に津崎矩子《つざきのりこ》という侍女がいた。天明六年（一七八六）生まれというから、幾島の一歳年上である。教養があり、てきぱきとした仕事ぶりが評価され、老女に昇進。それからは村岡局《むらおかのつぼね》と称した。

その後、江戸へ向かう篤姫一行は草津《くさつ》（滋賀県草津市）で中山道に入り、十月二十八日には板橋宿《いたばししじゅく》から江戸に入った。江戸三田（港区）の薩摩藩邸に到着したのは二十九日である。

篤姫のふるさと、そして父と母

島津家には、本家（薩摩藩主）から分かれた「御一門四家《ごいちもんよんけ》」という家があった。

四家とは、重富《しげとみ》家（島津周防《すおう》）、加治木《かじき》家（島津兵庫《ひょうご》）、垂水（島津讃岐《さぬき》）、そして今和泉家（島津安芸《あき》）である。

篤姫は天保七年（一八三六）、今和泉の島津忠剛《ただたけ》と正室お幸《ゆき》の方《かた》とのあいだに生まれた。そのとき、すでに三人の兄、十歳の忠冬《ただふゆ》、八歳の久敬《ひさたか》、五歳の峯之助《みねのすけ》がいたものの、女の子は篤姫がはじめてだった。

父母は大いに喜び「於一《おかつ》」と名づけた。「一の姫」という意味である。ほかに兄妹のなかでも一番元気という意味をこめたらしい。三人の兄たちは、いずれも小さく、体質も弱かったが、この姫は大きな稚《やや》で、元気そのものだった。実際父の忠剛は「この姫が男子であれば」と、口に出したこともある。

「於一」という名は、その後、「敬子《すみこ》」となり、大奥へ入る前には「篤子《あつこ》」と改められた。本書では、通称にしたがって「篤姫」で統一した。

今和泉家の領知は一万一千石。本邸は鶴丸城近くにあり、別邸は岩本村《いわもとむら》（鹿児島県指宿市《いぶすき》岩本）にあった。別邸は、側室お春《はる》の方があずかっており、忠剛とのあいだに於熊《おくま》、於才《おさい》をもうけていた。篤姫の妹になる娘たちだ。

じつをいうと、岩本村が篤姫のふるさとであり、幼いころの篤姫はこの別邸で育った。一年の大半は、この屋敷で過ごしていたという。現在、別邸跡には小学校が建っていて、説明板も設置されている。校内には当時の手水鉢《ちょうずばち》や井戸が現存しているほか、石垣もある。その向こうは海だ。海が近いというのは、子どもが育つのにいい環境だった。

父の忠剛は、二十六代藩主斉宣《なりのぶ》の五男として生まれたが、今和泉家の九代忠喬《ただたか》に跡継ぎとなる男子がいなかったため、養子となり、今和泉家の十代当主になった。

篤姫には、男顔負けの大胆さを身につけていた、といわれる。それは、お幸の方という母親から受け継いだものだったようだ。

忠剛の今和泉家は、お家取り潰しの危機に見舞われたことがあった。弘化四年（一八四七）、篤姫が十二歳、藩主は斉興だった。

天候不順のため、農作物が不作となり、年貢を納めることができない。そこで、今和泉家領内池田村の百姓たちが、領主忠剛のもとにやってきて、年貢を少し減らしてほしい、と訴え出たのである。

よくあることで、それほど特別な出来事ではない。ところが、噂が誇張され、とんでもない事件として島津本家に伝えられたのだ。それは、「領民たちが一揆《いっき》を起こし、岩本村にある忠剛の別邸に放火した」というものだった。

そうした事実はないのだが、一揆とはゆゆしい事態である。藩主斉興は真偽をたしかめもせず、忠剛にたいして「領内にもっと気を配り、一揆など未然に防ぐように」と、きびしく咎《とが》めた。

忠剛は性格が気弱なこともあって、

「今和泉家は、わしの代で終わるのか」

と、ふるえあがった。まだ「閉門《へいもん》」を命じられたわけでもないのに、自責の念に駆られたのである。

忠剛は萎縮してしまったが、妻お幸の方はちがっていた。家臣たちに、

「平常心を失わず、心を一つにして困難に立ち向かうのです」

などといって、やる気に火をつけたのである。

この一件は、忠剛の取り越し苦労だった。お家が取り潰されることもなかったし、やがて藩主からの戒《いまし》めも解けたのである。

女の力がいかに重要で、頼りになるものか。篤姫は、母親のお幸の方から学んだようだった。のちに大奥に入った篤姫は、女の力がいかに頼りになるものか、自ら示してみせた。

第二章　吉之助、篤姫の輿入れに奔走する

庭方役に抜擢された吉之助

西郷吉之助《さいごうきちのすけ》は江戸で藩主の斉彬《なりあきら》から庭方役《にわかたやく》を命じられると、他藩の有力な人びとと交流をし、人脈を広げていった。それは斉彬の望むところでもある。人脈を広げることによって、国政へ関与する機会がやってくるのではないか、と考えていた。

「先輩では藤田東湖《ふじたとうこ》に服し、同輩では橋本左内《はしもとさない》を推す」

のちに吉之助が語っているように、とくにこの二人からは大きな影響を受けた。

藤田東湖は水戸《みと》藩の改革派の中心者で、激烈な尊攘論《そんじょうろん》の主唱者として他藩にも広く知られていた。藩主斉昭《なりあき》も大きな影響を受け、斉昭自身、攘夷《じょうい》派のリーダーとして活躍するようになった。このため、のちには井伊大老《いいたいろう》にうとまれ、永蟄居《えいちっきょ》を命じられたほどだ。

吉之助は安政元年（一八五四）四月十日、はじめて江戸の土を踏んでまもなく、小石川《こいしかわ》の水戸屋敷で東湖に会った。

東湖の尊皇《そんのう》論は、封建的な上下関係をきびしく守ることに狙いがあり、幕府を否定したものではない。

「諸国の藩士たちは、それぞれ主君に忠誠を尽くす。大名は将軍を敬《うやま》い、将軍は天皇を尊ぶ」

東湖によれば、これがあるべき姿なのだった。だからその身分を越え、大名や藩士たちがじかに朝廷に忠義を尽くすというのは、真の忠誠ではないし、尊皇にはならない、と主張した。

吉之助は主君斉彬のために命を捧げようと、腹を決めていたから、東湖の気持ちはよくわかる。

東湖は攘夷論を唱え、外国人を追い払うといったが、それは異国が嫌いだったからではない。身分秩序を守るために必要なことなのだ、と考えていた。吉之助は、幼いころから郷中《ごちゅう》教育のなかで身分秩序を教えこまれていただけに、東湖の考えに素直に共感できた。

このとき、東湖四十九歳、吉之助は二十八歳である。吉之助は、東湖を師として敬愛しつづけたが、その年月は意外に短かった。

安政二年（一八五五）十月二日、安政の大地震が江戸を襲ったが、東湖はそれに巻き込まれ、命を落としたのである。母をかばって、倒壊した家屋の下敷きになったのだという。

福井藩の橋本左内は、早くから才能を発揮した人物である。十六歳のときに大坂に出ると、緒方洪庵《おがたこうあん》の適塾《てきじゅく》に入門、蘭法《らんぽう》医学を学んだ。やがて江戸へ出て理化学や兵学を学んだが、そのためオランダ語のほか、英語やドイツ語を習得した。

その後、左内は藤田東湖を知り、政治問題へ関心を抱く。藩主松平慶永《まつだいらよしなが》も左内の才能と努力を高く評価し、政治顧問格に任じたほどだった。

慶永は当初、水戸藩主徳川斉昭の影響を受け、攘夷を主張していたが、やがて老中阿部正弘《あべまさひろ》や薩摩《さつま》藩主島津《しまづ》斉彬らと交流するうちに、開国を主張するようになったのである。さらに左内の進言があって、開国への転向を決定的にした。

吉之助がはじめて左内に会ったのは安政二年（一八五五）十二月二十七日、水戸藩士原田八兵衛《はらだはちべえ》の屋敷でのことである。吉之助は二十九歳だが、左内は二十二歳と若い。体形も吉之助と異なり、色白だし、ほっそりとして、どこか弱々しく見える。

しかし、眼光が鋭く、只者《ただもの》でないことはすぐわかる。それにいうことが大きい。

「わが国は、開国をして通商を盛んにし、海外に雄飛《ゆうひ》すべきなのだ。そのためには、幕府の大改革が必要となる。将軍を首班とした統一政権を樹立しなければならないが、その場合、譜代《ふだい》とか外様《とざま》とかにかかわりなく、有能な大名を閣僚にすることだ」

吉之助は「なんと大胆な着想」と思ったが、東湖とは逆の考えだし、はじめて聞いたときは戸惑った。いや、理解できなかった、といったほうがいいかもしれない。それでもいくどか話し合ううちに、少しずつ理解できるようになった。とくに将軍の後継者問題をめぐって、吉之助は斉彬の手足となって動いていたし、左内は慶永の腹心《ふくしん》である。二人とも一橋慶喜《ひとつばしよしのぶ》を擁立するために活躍していたわけである。だから自然に同士としての絆《きずな》が強くなっていった。

吉之助は江戸へ出てきた当初、薩摩のことを考えるのが精一杯だった。ところが、藩主斉彬に目をかけられ、諸外国のことを教えてもらううちに視野が広がっていく。さらに東湖に学び、左内とともに活動するなかで啓発をうけ、広く日本のことを考えるようになった。左内の大胆な政権構想も理解できた。

しかし、左内はその後、安政の大獄《たいごく》で捕えられ、安政六年（一八五九）十月七日に処刑された。まだ二十六歳である。

将軍家の御台所さがし

篤姫《あつひめ》は自ら大奥入りを望んだわけではないが、その準備は藩主斉彬らによって着々と進められていた。先に述べたように、篤姫は嘉永六年（一八五三）八月二十一日、斉彬の意を受けて江戸へ出立した。

しかし、篤姫の輿入《こしい》れの話は、かなり早い時期から動いていた。嘉永三年（一八五〇）ごろには、公式にではなかったものの、徳川《とくがわ》家の大奥から島津家の奥に打診があった。

「斉彬殿には、年ごろの娘はおらぬのか」

年ごろの娘というのは、具体的にいえば「十三代将軍徳川家定《いえさだ》の御台所《みだいどころ》にふさわしい娘」ということである。さりげなく探りを入れてきたのだが、斉彬の三人の娘たちはまだ幼すぎた。

将軍家定は文政七年（一八二四）生まれで、父は十二代将軍家慶《いえよし》、母はお美津《みつ》の方《かた》（本寿院《ほんじゅいん》）である。家慶には二十七人の子がいたが、そのうち成人した男子は家定だけだった。

その家定も生来病弱で、子をもつことができなかった。十八歳のとき、前関白鷹司政熙《たかつかさまさひろ》の末娘任子《ただこ》を正室に迎えたが、嘉永元年（一八四八）、全国に蔓延した疱瘡《ほうそう》（天然痘《てんねんとう》）にかかり、二十六歳で病死。翌年、左大臣一条忠良《いちじょうただよし》の娘秀子《ひでこ》と再婚したものの、秀子もまたわずか半年で病死した。

一方、篤姫には十四歳になると縁組の話がいろいろ持ち込まれた。当時は十五歳

島津家・徳川家 関係系図

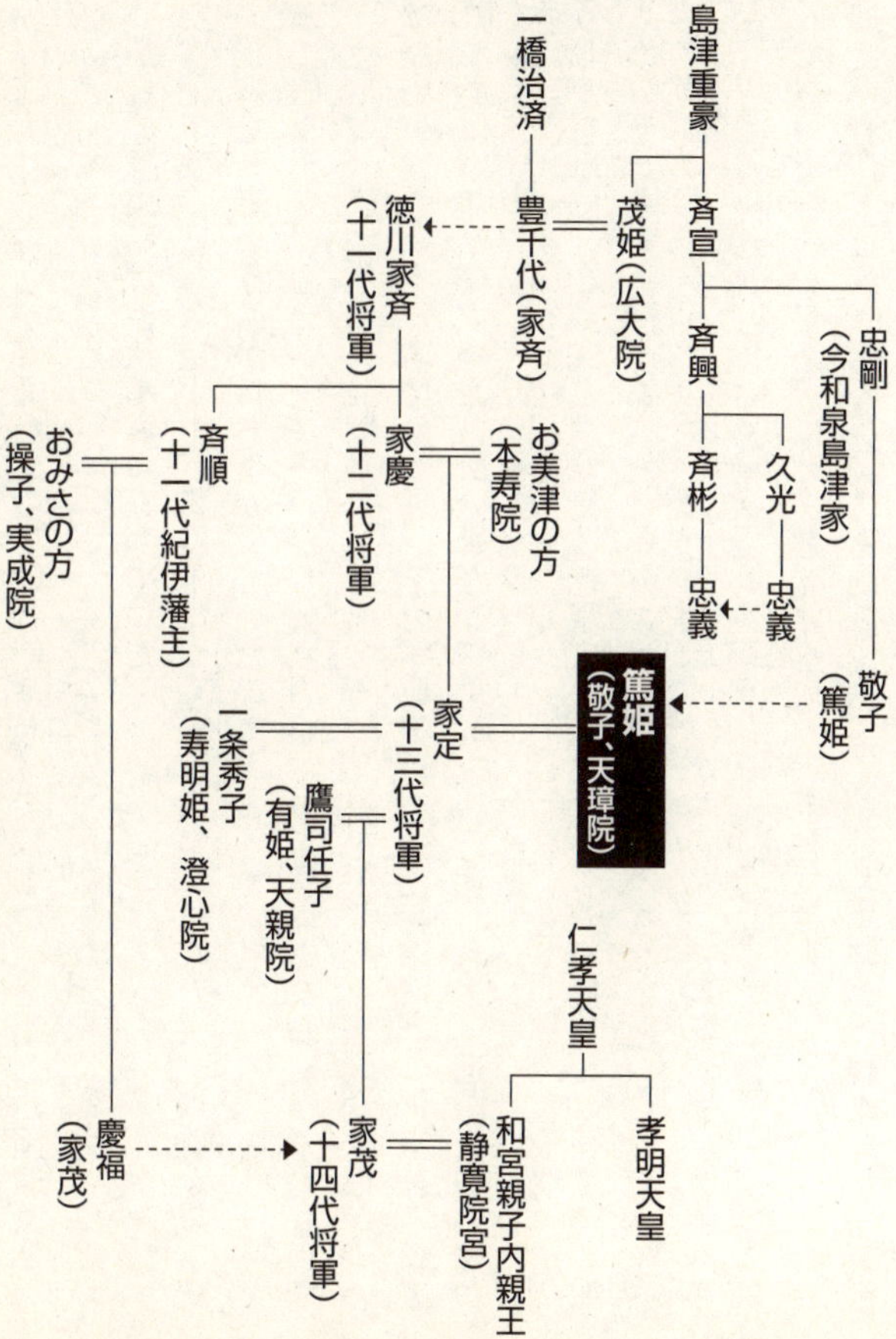
島津重豪
斉宣
茂姫（広大院）
忠剛（今和泉島津家）
斉興
久光
斉彬
忠義
忠義
敬子（篤姫）
篤姫（敬子、天璋院）
一橋治済
豊千代（家斉）
徳川家斉（十一代将軍）
お美津の方（本寿院）
家慶（十二代将軍）
斉順（十一代紀伊藩主）
おみさの方（操子、実成院）
家定（十三代将軍）
一条秀子（寿明姫、澄心院）
鷹司任子（有姫、天親院）
仁孝天皇
孝明天皇
和宮親子内親王（静寛院宮）
家茂（十四代将軍）
慶福（家茂）

くらいで嫁入りするのが普通だから早いというわけではない。ただお由羅騒動《ゆらそうどう》という内紛があり、嘉永四年（一八五一）、四十三歳の斉彬が家督を継ぐなどのことがあり、篤姫の結婚話は沙汰《さた》やみになっていた。

だが、徳川家では、家定が十三代将軍につく嘉永六年（一八五三）以前から「三人目の正室を」という話が持ち上がっていたのである。

公家の娘を正室に迎える例が多いが、公家の娘といえば体質が弱く、家定も正室を二人まで喪《うしな》っている。周囲の人びとも、やはり武家出身で、丈夫な女性がよいのではないか、ということに気づく。そのいい例が十一代将軍家斉《いえなり》の正室茂姫《しげひめ》（広大院《こうだいいん》）である。薩摩藩主島津重豪《しげひで》の娘だが、十七歳のとき、右大臣近衛経熙《このえつねひろ》の養女として嫁いできた。七十一歳と長寿だった。

そうしたなかで、非公式とはいえ、徳川家の大奥から「斉彬殿には、年ごろの娘がおらぬのか」という話があったというのは、斉彬にとって喜ばしいことだった。

そこで候補になりそうな「ふさわしい娘」を考えてみる。そのいい機会が嘉永四年三月、斉彬の初めてのお国入りだった。七十七万石の薩摩藩主となった斉彬は、華やかで立派な行列を整え、ほとんど陸路を取り、五月に領地へ入った。

出迎えの責任者は、斉彬の叔父にあたる忠剛《ただたけ》、すなわち篤姫の父親だった。斉彬は到着後、各地を視察してまわった。

斉彬が一門四家の家族を城中に招き、家督相続の内祝を催したのは五月十五日のことである。藩主が一人ずつ引見し、お言葉を賜《たまわ》ったが、最後近くになって篤姫の名が呼ばれた。

立ち上がると、体格がよいうえに姿が美しく、際立って見える。係の武士に案内されて控えの間に入る。正面に斉彬の姿をみとめると、篤姫はていねいに頭を下げ、名乗ったあと、初のお国入りに祝賀を述べた。

「……祝着至極《しゅうちゃくしごく》に存じ上げます」

斉彬は挨拶を受け、篤姫を近くに呼び寄せ、「いまどのような書物を読んでいるのか」とたずねた。斉彬は、篤姫の書物好きを知っていたのである。御台所として篤姫を、と心づもりしていたが、なんとしても将軍の子を産んでほしい。立姿を見れば健康であることがわかる。さらに篤姫の学問好きも気に入ったようだった。

篤姫の輿入れを支えた吉之助

吉之助が藩主斉彬から大仕事を命じられたのは、安政二年（一八五五）四月上旬のある日のことだった。

斉彬の参勤交代に供として江戸にやってきて一年ほど経っていた。吉之助は庭方役に任命され、諸藩の名士と交流を重ね、江戸にも慣れてきたころだ。斉彬はすでに篤姫を将軍家定の御台所として江戸城大奥へ入れる準備を進めていたのである。

吉之助は、緊張して耳を傾けた。

「篤姫の輿入れの支度《したく》をすべて調《ととの》えるのだ。金に糸目をつけず、よいものを選んでほしい。篤姫が肩身のせまい思いをしなくてすむように、しっかり頼むぞ」

斉彬は、吉之助ならよい支度を調えてくれるだろう、と信頼していた。だから当然のことのように、吉之助に命じた。

だが吉之助は、思ってもみなかった仕事をいいつけられ、感激のあまり身を固くした。

薩摩から江戸城大奥へ入ろうとする若い女性の華やかな調度品。吉之助には、それがどのような品々なのか、いまはまだ想像もつかず、どうしたらよいのか見当もつかない。

輿入れの支度というからには、衣裳をはじめ、漆工品、指物《さしもの》、金工品、陶磁器、寝具など、さまざまな分野におよぶ。一流の品を集め、揃えるには、京へも赴《おもむ》き、じかにすぐれた商人や職人たちに会って相談するなど手を借りる必要がある。

吉之助の禄《ろく》といえば、わずか四石《こく》にすぎない。そのような下級武士にとって、一流の調度品など無縁のものだ。これまで手にしたことはないし、見たこともなかった。吉之助自身、自分にすぐれた調度品を見分ける眼力《がんりき》があるとは、とうてい思えない。

それにいくら大店《おおだな》とはいえ、一流の調度品を店に並べているわけではなかった。やはり、つてを求めて当代随一といわれる職人に依頼し、真心こめて仕上げてもらうのが一番いい方法だと思えた。

斉彬は「金に糸目をつけずに」といったのだから、値切る必要はない。ただし、輿入れに間に合うよう仕上げてもらうことが重要だった。場合によっては、そのための割増を加える必要が生じるかもしれない、ということは吉之助にもわかる。

歴史をふり返ってみると、輿入れの支度で有名なのは、二代将軍秀忠《ひでただ》の五女和子《まさこ》が御水尾《ごみずお》天皇の女御《にょうご》として入内《じゅだい》したときの調度品だった。金額はわからないが、三百七十八荷《か》という量であり、すべて豪華なものだったという。

吉之助は庭方役として情報収集に尽力する一方、篤姫の支度にも忙殺された。篤姫に面会し、直接、その好みとか希望を聞くことができれば、支度を調えるのに大いに役立つ。

しかし、それは不可能なことである。そこで篤姫付の老女幾島《いくしま》から要望を聞き出すことになる。とはいえ、幾島との面談もそれほど頻繁にできるわけではない。そこで、以前から薩摩藩邸の奥につとめていた老女小ノ島《このしま》を連絡係とした。吉之助→小ノ島→幾島→篤姫というルートをつくり、要望や情報のやり取りをしたのである。

吉之助は庭方役として斉彬に会い、進捗《しんちょく》状況を報告し、指示を仰《つ》いだりした。篤姫の支度以外では、政治的な動向とか、さまざまあるので、その都度斉彬に伝えた。逆ルートで大奥の情報が吉之助に届くこともある。当然のことだが、それも斉彬に伝え、判断を得てから吉之助が対応に動いた。

衣裳や調度品は、できあがったものから先のルートで篤姫のもとに届けられた。篤姫はそれらを見て、輿入れの近いことを実感すると同時に、そのために尽力《じんりょく》している吉之助を知る。会ったことはないが、感謝の思いは深い。

大地震で遅れた篤姫の婚礼

安政の大地震に襲われたとき、吉之助も篤姫もまったく別の場所にいたが、その大きな衝撃におどろいた。二人ともこれほどの地震を経験したのは、生まれてはじめてのことだった。

安政二年（一八五五）十月二日夜、藩邸で眠りについていた吉之助は、激しい揺れにびっくりして飛び上がった。建物が倒壊する鈍い音も響く。

江戸湾の荒川《あらかわ》河口付近を震源とする直下型地震で、のちに「安政の大地震」と呼ばれた。市中全域が被災したが、とくに下町の被害がひどい。死者七千人余、重傷者二千人余、倒壊家屋は一万四千戸におよんだ。

各所で出火し、新吉原《しんよしわら》では廓《くるわ》の大部分が焼け落ち、死者は千五百人を超えたほどだった。あまりの恐ろしさに野宿する人が多く見られた。

江戸城の被害も大きく、あちこちで石垣が崩れたほか、多聞櫓《たもんやぐら》など多くの城門が損壊し、無慚《むざん》な姿をさらしていた。

吉之助は二日後、師とも思ってさまざまなことを教えてもらった藤田東湖の死を知り、無念でならなかった。小石川の水戸藩邸にいたが、母を助けようとして家屋に入り、それが倒壊、下敷きになって死去した。まだ四十九歳である。

大地震でおどろいたのは、篤姫も同じだった。十月二日は、吉之助が整えてくれた衣裳が気に入り、老女の幾島とそれを眺めながら「模様や色づかいがあまりにも見事」などと語り合い、輿入れの日を楽しみにしていた。

しかし、夜になって篤姫が眠りについてまもなく、轟音《ごうおん》が響き、体が大きく揺れた。起き上がると、激しい音や揺れがつづいて、恐怖に包まれた。あわてて庭へ下りたが、老女の幾島が右往左往して逃げ惑う女中たちを叱りつけ、安全な場所へ誘導していた。

武士たちの「地震でござる」「火の手が」などと怒鳴る声も聞えてくる。地面が大きく揺れ、屋根が砂煙を上げて崩れ落ちてくる。さすがの気丈な篤姫でも、この恐怖は堪えがたい。

篤姫は三田《みた》の薩摩藩邸にいた。近くまで火が迫ってきたが、焼け落ちることはなかった。渋谷村の別邸は損害が少ない、という知らせがあったので、篤姫や奥の者たちはそこに避難した。

その後、わかったことだが、三田藩邸では破損したところが多かったし、高輪《たかなわ》や桜田《さくらだ》の藩邸では、十一人の死者が出たほどだった。

渋谷別邸は、江戸の郊外であり、震源地からも相当離れているから、被害が少ないのも当然だった。篤姫にしてみれば、元気に暮らせるのだからありがたい。とはいえ、十二月に婚儀の予定だったのに、大地震のせいで延期を余儀なくされた。

篤姫が十三代将軍家定のもとに輿入れしたのは、翌安政三年（一八五六）十一月のことである。

家定は文政七年（一八二四）、十二代将軍家慶《いえよし》の四男として、江戸城西の丸で生まれた。生母はお美津の方（のち本寿院）という。篤姫の十一歳年長だった。

しかし、家定には、篤姫を迎えるまでに二人の妻がいた。

天保十二年（一八四一）、家定が十八歳のとき、鷹司政煕の娘任子を正室に迎えている。任子は兄で関白鷹司政道《まさみち》の養女として輿入れした。

任子は京都育ちらしく、品のある美人だったという。舅《しゅうと》の十二代将軍家慶も任子の輿入れを喜んだが、それは任子が鼓《つづみ》の名手だったからだ。家慶は嫁に鼓を打たせ、謡曲をうたうのを楽しみにしていた。

嘉永元年（一八四八）、任子はあっけなく二十六歳の若さで病没する。当時、全国的に疱瘡が蔓延しており、任子も罹《かか》ったのだ。

家定は一年後、関白一条忠良の娘秀子と再婚する。ところが、わずか半年後に病死した。もともと肉体的にも未成熟で、病弱でもあった、といわれる。

嘉永六年（一八五三）六月には、家慶が病没。家定がそのあとを継いで十三代将軍に就任した。ペリー艦隊が浦賀《うらが》に来航した直後のことだった。

家定は御台所が二人もつづいて病死したため、それ以降、正室を迎えるのをやめ、中臈《ちゅうろう》のお志賀《しが》を側室にしていた。お志賀は家定の世話を焼き、つねに家定のそばを離れなかったという。

ところが、やがて「家定公に三人目の正室を」という話がもちあがった。その話が京都に伝わると、公家の娘たちのあいだでは、

「死にたかったら将軍家へ嫁ぐがよい」

などと無責任なことばがささやかれたほどだった。

家定には、正室を迎える気持ちがなかったのに、周囲に押し切られて三人目の正室を迎える話は、具体的になっていったのである。

篤姫の花嫁行列は、安政三年十一月十一日、江戸渋谷の薩摩藩邸を出発し、江戸城大奥へ向かった。

行列の人数が多く、先頭が江戸城に到着したというのに、後尾の人びとはまだ渋谷の別邸を出発できずにいる、というありさまだった。これだけでも盛儀《せいぎ》だったことが想像できるが、それにも増して量が多かったのは、吉之助が丹精《たんせい》こめて揃えた篤姫の婚礼調度や衣裳など。これらを江戸城大奥へ運び込むのに六十五日も費やした、といわれる。

十二月十八日、二十二歳の篤姫と三十三歳の将軍家定の婚礼は、華やかに行なわれた。

斉彬の急死と吉之助の衝撃

吉之助は、斉彬を名君として絶大な信頼を寄せていた。

当時、政治上の大きな課題は、開国問題と将軍の後継者問題の二つだった。吉之助は、そのどちらについても、斉彬の考えに沿った行動をしてきたのである。

その斉彬が安政五年（一八五八）七月五日、藩兵を訓練したあと、発病し、十五日には突如、帰らぬ人となった。吉之助の衝撃は大きく、殉死《じゅんし》を覚悟したほどだった。

斉彬の死に衝撃を受けたのは、篤姫も同じである。篤姫も斉彬の目にとまり、養女に迎えてもらい、将軍御台所として大奥へあがることができた。心の痛手は大きい。悲しみが深くさいなむ。

吉之助にとっては、斉彬の死の前に、もう一つの大きな悲しみがあった。

前年の安政四年（一八五七）、斉彬の親友である老中阿部正弘の死だ。斉彬より十歳若く、三十九歳だが、死因は肝硬変とされる。

阿部正弘は天保十四年（一八四三）、二十五歳で老中に抜擢された新進気鋭の政治家であり、その二年後には老中首座となった。嘉永七年（一八五四）には、ふたたび来航したペリーと「日米和親条約」を締結している。斉彬のほか、水戸の徳川斉昭、越前《えちぜん》の松平慶永《まつだいらよしなが》ら有力藩主と親交を結び、幕末維新の夜明けを準備した。

斉彬は正弘と手を取りあって、雄藩連合政権を構想し、推進しようとしていたのだ。徳川家を中心とした幕府ではなく、雄藩によって連合政権を樹立し、共和制で運営しようというのである。それだけに斉彬の衝撃は大きかった。しかも斉彬は、松平慶永らと連携し、一橋慶喜を将軍継嗣《けいし》として擁立する工作をつづけたが、結局、失敗に終った。

安政五年（一八五八）四月、井伊直弼《なおすけ》が大老に就任すると、井伊は勅許《ちょっきょ》なしのまま日米修好通商条約を締結。さらに将軍継嗣を誰にするかもめつづけていたのに、六月二十五日、紀伊《きい》藩主徳川慶福《よしとみ》（のち家茂《いえもち》）に決めてしまった。

これには水戸の斉昭、一橋慶喜らが激怒したが、大老の井伊は彼らを処分する。尾張《おわり》の徳川慶勝《よしかつ》と越前の松平慶永を隠居謹慎、水戸の斉昭は蟄居《ちっきょ》謹慎、一橋慶喜には登城禁止としたのである。

将軍家定は、すでに七月六日、三十五歳で死去していた。ところが、井伊大老はそれを隠し、「将軍の命令」と称して、一橋派を弾圧したのだ。

吉之助は、そうした井伊大老の仕打ちを、京都から江戸へ帰ってはじめて知る。だが、時遅しで、なすすべもなかった。

「このうえは、すべてを斉彬公に報告し、指示を待つしかない」

そう思った吉之助は、さっそく帰国した。吉之助が鹿児島に着いたのは、安政五年六月七日である。

斉彬は、前年に鹿児島に帰ってきており、藩政改革や軍備の近代化を図《はか》っていた。

「いよいよというときには、志を同じくする諸大名と力を合わせ、武力をもって対抗するしかない」

そう考えていた斉彬は、吉之助から報告を聞くなり、声を荒げた。

「井伊大老は、そんな暴挙に出たのか。だまって手をこまぬいているわけにはいかぬ」

とはいえ、井伊大老の暴挙に恐れをなし、じっとすくんでいる大名が少なくない。

吉之助はそのことを心配し、こういった。

「幕政改革は、尋常な手段ではなし遂げることがむずかしい、と思います。たとえば、思いきって朝廷の力を借り、諸大名を勇気づけるのはいかがでしょうか。諸大名が奮い立てば、前へ進むこともできるのでは」

斉彬も同じように、朝廷の利用を考えていた。だから吉之助の意見に同意し、京へ赴くよう命じた。途中、筑前《ちくぜん》へ寄り、福岡藩主黒田長溥《くろだながひろ》に会うようつけ加えた。長溥は、薩摩藩主だった島津重豪《しげひで》の子である。斉彬に協力するはずだった。

その後、吉之助は七月十四日、京へ入ると、しばらく滞在して様子をうかがった。同志の勤皇《きんのう》の詩人、梁川星巌《やながわせいがん》らに会い、井伊大老の横暴ぶりに怒りをぶつけあった。

斉彬は「時機を見て上京する」といっていたが、吉之助は「斉彬公が精兵をひきいて上京する時機到来」と感じて、国許《くにもと》の斉彬に急便を出した。

斉彬はその年の一月、江戸城で篤姫に会い、日々、すこやかに過ごしていることを喜び合った。江戸を出立したあと、途中、京に立ち寄る。斉彬なりに情報を入手しようと思い、さまざまな人と面談した。鹿児島に帰ってきたのは、五月になってからである。

鹿児島では、さっそく集成館《しゅうせいかん》に三千挺《ちょう》のシャーフル・ライフルを急いで製造するよう命じた。このライフルは最新式の騎兵用元込銃《もとごめじゅう》である。武力で立ち上がるための準備だった。

七月八日、完成したばかりのシャーフル・ライフルを装備した藩兵たちが城下の天保山《てんぽうざん》調練場に集結、軍事大演習が行なわれた。斉彬も終日、馬に乗り、熱心に監督した。

ところが、この日は炎天だったから、そのなかで長時間の監督をするのはきつい。斉彬は朝から気分が悪かったのに、なんとか大演習をやりとげた。

しかし、屋敷に帰ったあと、急に体の不調を訴え、床についた。医師が呼び出され、手当てをしたが、そのかいもなく、十六日に息を引きとった。まだ五十歳の働き盛りである。

吉之助が斉彬に手紙を出したあと、すれちがうようにして斉彬の死を伝える手紙が吉之助のもとに届いた。七月二十四日のことだ。

「なにごとか」

日ごろ、ものに動じない吉之助だが、手紙を開いてみるなり、手がふるえ、平静さを失ったほどおどろいた。どうしてよいのかわからず、うろたえたといってよかった。

吉之助は斉彬からどれほど大きな恩を蒙《こうむ》ったかわからない。吉之助を見出し、活躍する機会を与えてくれた。これからのわが国の進路を明らかにし、吉之助がどうすればよいか、進むべき道を指し示してくれたのだ。

斉彬は、かけがえのない主君である。それだけに吉之助はおおきな衝撃を受け、「殉死」を覚悟したほどだった。

殉死を決意した吉之助

島津斉彬の死は、吉之助にとって、生きる目標を失ったも同じことだった。

吉之助は、だからこそ斉彬のあとを追って腹を切ろうとしたのだ。そのために鹿児島へ帰ろうと思い、京でいろいろ世話になった月照《げっしょう》を訪れ、別れを告げた。

月照は京都清水寺成就院《きよみずでらじょうじゅいん》の住持《じゅうじ》だが、尊攘《そんじょう》派として運動に加わったことから、勤皇《きんのう》僧として知られるようになったのである。

吉之助は、将軍後継者問題で朝廷工作をするとき、月照から力を貸してもらったので、礼をいいたいという気持ちが強かった。吉之助は、月照の顔を見るなり、

「斉彬公の上洛を待っていたのに、急死されたとは残念至極《しごく》——」

と、いまの気持ちを素直に打ち明けた。

月照は、吉之助が鹿児島へ帰国し、殉死するのではないかと察し、おだやかな口

調で諭《さと》した。

「はやまってはいけませんぞ。斉彬公が亡くなられて、失望した志士たちは多い。しかし、あきらめるのではなく、斉彬公のご遺志を生かすことを考えるべきでしょう。西郷さん、ご遺志を一番よく知っているのは、あなたではないか。あくまでも生きて、斉彬公のご遺志を実現することこそが、本当の忠義ではありませんか。亡き斉彬公は、それを念願されていると思いますぞ」

吉之助は、月照の話を聞いているうちに目が覚《さ》めたかのように、冷静さを取り戻した。やがて、斉彬の遺志を継いで幕府改革に献身するという決意が湧いてくる。主君の死をきっかけに、吉之助はこれまでのように斉彬の手足となる活動家から、自分の判断で活動できる志士へと変身した、といってもよい。

そのころ、京都では新しい動きが出てくる。薩摩出身の日下部《くさかべ》伊三次《いさんじ》が公卿の三《さん》条《じょう》実万《さねつむ》、近衛《このえ》忠熙《ただひろ》らと相談し、幕政改革のために水戸藩に勅諚《ちょくじょう》がくだされることを願っていた。

吉之助も「斉彬公に代わる人物は水戸の斉昭公しかいない」といい、賛同していた。しかし、心配なこともある。それは、水戸藩の藩論が二分していること、水戸と薩摩との連携がうまくとれていないこと、などだった。

このため、勅諚がくだされても足並みをそろえた行動ができない、という恐れがあったのだ。

月照は近衛忠熙との交際が深かったこともあって、この計画では在京の志士と協力し、水戸藩への勅諚降下に大きな役割を果たした。しかし、足並みがそろわず、計画は中止されたのである。

ところが、八月八日、朝廷は勅諚を水戸藩京留守役の鵜飼吉左衛門《うがいきちざえもん》に授けた。さらに勅諚は急遽《きゅうきょ》、江戸藩邸に持ち込まれた。幕府へ伝達されたのは、その二日後になった。

いうまでもなく、勅諚は天皇の命令だが、これを幕府ではなく、水戸藩に下したのは前代未聞のことだった。二十八歳の孝明《こうめい》天皇は、強固な排外思想を持っており、日米条約調印の報告を聞いて激怒し、「攘夷したい」と述べたほどだった。

当時、京都にいた吉之助は、水戸の志士や攘夷派の公卿とともに朝廷が有利に動いてくれるよう工作していた。それは、大老井伊直弼を免職させること、水戸の斉昭の処分を解禁すること、攘夷を断行することなどを盛り込んだ勅諚を得ることにあった。こうして水戸藩への勅諚となったのである。

勅諚では、幕府が水戸藩や尾張藩などを処罰したことを責め、「国内あげて攘夷の対策をきびしくせよ」と要請した。この勅諚は「戊午《ぼご》の密勅《みっちょく》」といわれ、大きな波紋を広げた。

とくに衝撃を受けたのは、大老井伊直弼である。勅諚を幕府への挑戦状と受け取り、このままでは立場が危うい、と危機感をつのらせた。これが「安政の大獄」の引き金となったのである。

将軍家定の死と篤姫の悲しみ

篤姫の夫である十三代将軍家定は、安政五年（一八五八）七月六日夕刻、三十五歳の若さで世を去った。しかし、篤姫が家定の死を知ったのは、一か月ものち、八月八日になって幕府が将軍家定の喪《も》を発表したときのことだった。

当然ながらその衝撃は大きい。目の前が真っ暗になったことだろう。勝気の篤姫とはいえ、その衝撃から立ち直るのに時間が要した。

その少し前の六月二十五日、幕府は登城を命じ、紛糾していた将軍継嗣問題に決着をつけ、将軍継嗣は紀伊藩主徳川慶福（のち家茂）と発表した。十三歳とまだ若いが、十分な補佐役をつけ、育んでいけば、なんとか難局も乗り切れるはずだ。

それより心配なのは、家定の症状である。もともと病弱だったというが、篤姫には心配でならない。

大奥でも七月七日の七夕、十一日の精進固め《しょうじんがた》、魂祭《たままつり》、八朔《はっさく》と行事がつづき、普通なら将軍のお成りも多くなる。しかし、篤姫にはその沙汰《さた》がなかった。念のためにつけ加えておくと、精進固めは盂蘭盆《うらぼん》などの精進日に先立って、魚や肉を食べておく行事だし、魂祭は盂蘭盆だ。八朔は旧暦八月一日のことで、もともと武家の行事だった。

「上さまは、いかがお過ごしなのか」

篤姫には気になってしかたがないので、年寄に命じて表向きにつかわし、上さまの動向をさぐらせたのだが、なにも聞こえてこなかった。わかったのは、家定は病いのため療養している、ということだけである。

やがて七月八日、側用人《そばようにん》が大奥へ持ち帰った知らせは、なんとも驚愕すべき訃報《ふほう》だった。

「将軍家定公は、すでにご他界《たかい》遊ばされし由《よし》」

篤姫には、信じられぬことである。頭に血が上り、混乱が激しい。確認しなければ気がすまず、側用人に「詳しく聞いてまいるのじゃ」と連発した。

やがて、別のことが知らされた。

「ご他界は誤りで、いまは病床におわします由」

まだ生きていらっしゃる。だが、篤姫にはご無事を祈るだけで、なすすべはなかった。

家定の身辺では、家定の症状が悪化しており、なにかがあれば危篤《きとく》におよぶかもしれぬ、と心配して見舞いを遠慮させている、とのことだった。

普通なら妻が夫を病床に見舞うのは当たり前のことだし、それを留め立てする者はいない。しかし、江戸城ともなれば、その当たり前のことは通じなかった。どのような陰謀が起きるかもしれず、用心をしているのだ。

「上さまは、やはりすでにご他界とのこと」

夜がふけて、篤姫にそう告げる者もいたが、確かめようがない。ただ気をもむだけだった。

まもなく、「逆臣《ぎゃくしん》に毒を盛られた」との噂も伝わってきた。

毒殺には黒幕がいるはずだが、はじめのころは水戸藩の斉昭とされた。斉昭が奥医師を抱き込み、薬だと偽って家定に毒を盛った、というのだ。

斉昭は実子の一橋慶喜を次期将軍に擁立するため工作したものの失敗してしまっ

た。そこで斉昭は、その原因をつくった家定を恨みに思い、報復したのだと、まことしやかに噂されたのである。

当時、この年の五月、コレラが長崎で発生。その後、コレラは大坂、京都を経て、六月下旬には東海道から江戸へと広まり、猛威を振るっていた。そのせいか、「家定はコレラで死去した」との噂も流れた。

しかし、家定の死因は毒殺でもないし、コレラによる病死でもなかった。幕府が八月八日に喪を発表したとき、「ご持病の脚気《かっけ》にて薨去《こうきょ》遊ばされた」と伝えられた。現在では脚気で死ぬなど考えられないが、当時は多かったのだ。

では、なぜ毒殺とか、コレラなどの噂が流れたのかというと、幕府が家定の死を長い間、隠しつづけたからだった。

六月二十五日には、紀伊藩主徳川慶福が将軍継嗣と正式に発表され、家茂と名を改めた。篤姫は未亡人になったのだが、だからといって、悲しんでばかりもいられなかった。

新将軍となった家茂は、まだ十三歳。篤姫はその養母という立場で大奥を取り仕切っていかなければならない。篤姫は男勝りで、聡明だったから、大奥で実力者としての地位を築き、実権を掌握するのは、さほどむずかしいことではなかった。

家茂は弘化三年（一八四六）閏五月二十四日、紀伊藩主徳川斉順《なりゆき》（十一代将軍家斉の六男）の長男として、江戸赤坂（港区）の紀伊藩邸で生まれた。さらにいえば、家茂は十一代将軍家斉の孫であり、先ごろ亡くなった十三代将軍家定の従兄弟にあたる。

それだけに篤姫は、家茂の養成に力を尽くし、江戸城大奥を盤石《ばんじゃく》なものにしたい、と思っていた。

錦江湾で月照と入水

安政五年（一八五八）十一月十五日、寒い冬の夜のことだった。

吉之助は、用意した小舟に乗り、船頭に命じて錦江湾《きんこうわん》へと漕《こ》ぎ出させた。満月が海面を照らしている。小舟には吉之助のほか、勤皇僧として活躍してきた月照、そして月照を警固している福岡藩士平野国臣《ひらのくにおみ》、月照の下僕重助《じゅうすけ》が乗っていた。

月照は文化十年（一八一三）、大坂心斎橋《しんさいばし》に住む医師玉井宗記《たまいむねのり》の長男として生まれている。吉之助より十四歳若い。早くから両親と死別したため、十五歳のとき、京都・清水寺成就院（京都市東山区）の住持、義海《よしみ》の弟子となった。天保三年（一八三二）、二十三歳のときに義海が死去。そのあとを継ぎ、月照と名乗った。

月照は修行に励んでいたが、嘉永六年（一八五三）、ペリーの黒船が来航すると、大きな衝撃を受けた。幕府はその対応にあわてたし、世間の人びとも動揺した。

京には諸国から志士や浪人が集まり、幕府を批判する者が多い。月照も国の行く末を案じるようになった。

先に近衛家の老女村岡局《むらおかのつぼね》についてふれたが、村岡局は月照と親しかった。月照は村岡局の紹介で、近衛忠熙から和歌の手ほどきを受けたが、そのうち条約問題や将軍の後継者問題などについて議論をしはじめた。

村岡局の願いは、朝廷の威信が回復されることだった。だからこそ、村岡局は主の近衛忠熙をはじめ、朝廷と勤皇志士たちとの連絡係をつとめた。さらには、惜しみなく志士たちへ援助をつづけたのである。

村岡局は、吉之助と月照の京都脱出を助けた。

吉之助は月照と小舟の上で、持ち込んだ酒を酌《く》み交しながら、それぞれ最後の別れを惜しむ。吉之助にしてみれば、月照を守り抜くことができなかった、と悔やむばかりである。月照に償《つぐな》う方法を考えてみたが、すぐには思いつかない。

月照に残されているのは、死だけだった。そうだとすれば、月照とともに海へ身を投じるしかない。吉之助はそう思うと、すばやく月照を抱きかかえて海中に飛び込んだのである。

吉之助を入水《じゅすい》へと駆り立てたのは、安政の大獄だった。先にもふれたように、大老井伊直弼が行なった反対派への弾圧で、弱体化した幕府の権威を少しでも維持しようとして行なったものだ。処罰者は百人を超す。

志士の逮捕第一号は元小浜《おばま》藩士梅田雲浜《うめだうんぴん》だが、江戸の獄中で脚気が悪化、四十三歳で病死。その後、水戸藩京留守役の鵜飼吉左衛門、吉之助の同志である橋本左内なども逮捕され、弾圧は激しさを増した。

やがて京都で、吉之助に協力した月照にも危機が迫った。月照は志士と公卿の連絡係をしていたこともあって、早くから目をつけられていたようだ。月照の身を案じた近衛忠熙が吉之助を呼び寄せ、逃がすように忠告した。

九月十日、吉之助は月照を駕籠《かご》に乗せ、京を出立すると、伏見《ふしみ》から舟に乗って大坂へ出た。瀬戸内海を経て下関《しものせき》で別行動をとる。吉之助は一足先に鹿児島へ帰り、月照を迎える準備をするつもりだった。しかし、月照には幕府の追手が近づいていたし、人相書が出まわっている。やむなく、平野国臣が月照を守りながら薩摩へ向ったのである。

吉之助はなつかしい大久保一蔵《おおくぼいちぞう》（利通《としみち》）らに会い、藩の状勢を知ったが、吉之助は藩が月照をかくまい、保護してくれると信じていたのに、まったく逆の方向に動いていた。

「月照上人をかくまってほしい」

吉之助は、藩の上層部に頼み込んだが、いい返事はない。藩主の斉彬が死んだあとだけに藩内の改革派が弱体化し、上層部は幕府の顔色をうかがっている。

「いまの藩の立場では、かくまうどころではない。できるものなら月照上人を藩に引き渡してほしい」

吉之助は藩の弱腰に落胆した。藩内で実権を握っている久光《ひさみつ》（斉彬の弟）は、幕府からにらまれることなど、とんでもないと考えていた。

やがて十一月十五日、藩は月照の処分を申し渡す。

「月照を日向《ひゅうが》へ追放する。当地を即刻、立ち退くこと」

当時、「日向への追放」というのは、国境で斬り捨てることを意味した。だから吉之助も「もはやこれまで」と覚悟したのである。

深夜になって舟を出す。二人が海中へ飛び込んだとき、鈍い水の音と水しぶきが広がった。突如、吉之助と月照の姿が消え、平野と重助はびっくりして水中に飛び込む。しばらくして二人の姿を発見し、舟の上に引っぱり上げた。

二人の体は冷たい。海水を吐かせ、体を摩擦して温めたが、月照はすでに息絶えている。吉之助はまだ息があるので、平野と重助は懸命に介抱《かいほう》し、漁師の家に運び込んだ。薪《まき》を燃やして部屋を暖めると、ようやく生き返った。

翌日、吉之助は自宅に運ばれたが、それでもまだ眠りつづけたという。しかし、吉之助にとって、月照が死に、自分が生き残ったことは痛恨の極みであり、恥ずべきことに思えた。ふたたびあとを追おうとした。

「はやまってはならない。命をとりとめたのは、果たすべき使命があるからではないのか。月照上人の志を果すことこそが、生き残った者の務めだと思う」

親友の大久保らに、そういわれた吉之助は、ようやく自殺を思いとどまった。

ところで、吉之助と月照の京都脱出を助けた村岡局だが、彼女自身も疑われ、すでに七十三歳だというのに、安政五年十二月、京都町奉行に捕えられた。翌安政六年二月、唐丸籠《とうまるかご》で江戸へ送られたが、途中、つぎの歌を詠んでいる。

「嬉しさをなにに譬《たと》へむするがなる　富士の高嶺《たかね》を近くに見つれば」

江戸の評定所ではきびしい糾問《きゅうもん》がつづいたが、村岡局はそれに屈せず、自分の大義を貫き、主家を守った。刑は押込め三十日だったが、村岡局はそれを終えて京へ戻った。

その後、嵯峨《さが》（京都市左京区）に山荘「直指庵《じきしあん》」をつくって退隠していたが、維新後には賞典禄《しょうてんろく》二十石を給された。明治六年（一八七三）、八十六歳で死去した。吉之助や篤姫と深くかかわった女性の一人だった。

第三章　島での潜居と新しい時代のうねり

奄美大島での潜居

命びろいをした西郷吉之助《さいごうきちのすけ》は、安政五年（一八五八）の年末近く、藩命によって奄美大島《あまみおおしま》へ送られることになった。

「なぜ奄美大島へいくのか」

吉之助のまわりの者たちは、だれしも不審を抱いた。しかし、これは犯罪者としての島流しではない。入水《じゅすい》事件に始末をつけるため、藩の上層部がとった苦肉の策だった。

もとはといえば、吉之助はいまは亡き斉彬《なりあきら》の遺命によって奔走《ほんそう》し、窮地に陥ったのである。だから月照《げっしょう》が絶命し、吉之助が生き返ったからといって、犯罪者のように扱うわけにはいかない。

とはいえ、「吉之助が入水に失敗し、息を吹き返した」ということが幕府に知れても困ったことになる。そこで藩としては、幕府にたいしてこう報告した。

「西郷吉之助も月照と一緒に入水して死んだ」

実際には一命を取り留めたのに、死んだことにしたのである。むろん、死んだ男が鹿児島にいては具合が悪い。そのため、西郷吉之助の名前を「菊池源吾《きくちげんご》」と変え、奄美大島に潜居《せんきょ》させることにしたのである。

鹿児島を出帆《しゅっぱん》した船は、激しい季節風が吹きつけていたため、途中、山川《やまかわ》港に停泊、風待ちをしていた。

安政六年（一八五九）の正月は、船中で迎えたが、翌二日、大久保利通《おおくぼとしみち》の手紙をもって、伊地知正治《いじちまさはる》が船を訪ねてきた。かねてから、同志たちがひそかに結集し、井伊直弼《いいなおすけ》を待ち伏せして討つ、と企《たくら》んでいたのだが、決行するべきかどうか、吉之助に相談する内容だった。

吉之助は、それに対して軽率な行動を慎み、他藩の同志との連絡を密にして、好機をとらえて決行するがよい、と注意をうながしている。

やがて吉之助が乗った船は、一月十一日、奄美大島の名瀬《なぜ》港に到着、翌十二日に龍郷《たつごう》に上陸した。頼りとなるつてもなく、南の離島に放り出されたようなものである。流人《るにん》ではないのだが、実際には流人のような暮らしをしなければならなかった。

吉之助は龍郷村の空家を借り、自炊生活をはじめたのである。慣れないながらも水汲みや薪《まき》集め、飯炊きなど、すべて一人でやらざるを得ない。家が貧しかったため、幼いころから家の仕事をやってきたとはいえ、だれも知る人がいない土地でやるのは侘《わび》しいことだった。

しかも、すぐに島の暮らしになじめたわけではない。習慣など、ちがうことが多く、慣れるのに時間がかかった。

島民たちも、大男の吉之助を気味悪く思い、敬遠していた。それに吉之助は流人に思われていたようだ。

先にも述べたように、吉之助は流人ではない。藩の都合で死んだことにされ、奄美大島での暮らしをせざるをえなくなったのだ。しかし、そのため藩からの扶持米《ふちまい》として年六石《こく》受け取っていた。島民が米の飯を口にできるのは盆と正月くらいしかない。だが吉之助は毎日、米を食べることができたのだから生活するのに困ることはなかった。

当初、吉之助は話相手もなく、庭で木刀を振ったり、藩のことを考えたりするしかなかった。しかし、そのうち子どもたちと仲よくなり、読み書きを教えはじめた。すると、こうしたことをきっかけに、島民とも打ち解けることができたのである。

ところで、吉之助はこの島にきて、なつかしい人物に再会した。重野安繹《しげのやすつぐ》で、彼は吉之助の噂を聞き、訪ねてきたのである。重野は薩摩《さつま》藩随一の秀才といわれた儒学者《じゅがくしゃ》で、造士館《ぞうしかん》の教授をつとめたこともあった。

重野は江戸で金銭トラブルに巻き込まれ、奄美大島に流罪《るざい》になったのだという。ある学生から借金を申し込まれたものの、自分が持っていなかったため、藩の金を無断でその学生に与えてしまった。これがばれて重罪に課せられようとしたとき、御庭方《おにわかた》だった西郷吉之助が斉彬に願い出て、命を救ったという。無罪というわけにもいかず、奄美大島へ流罪ということになった。

吉之助も斉彬に世話になったことや月照と入水して生き返ったことなどなつかしそうに話した。重野はこういって励ます。

「時流が悪かったが、時流というのはどんどん変わっていくものですよ。藩にとって西郷さんを必要とするときが必ずきます。いまはそのときのために、浩然《こうぜん》の気《き》を養うことですよ」

島娘、愛加那と結婚

島の人びとと親しくなった吉之助は、やがて島の名士である龍左民《りゅうさみん》の離れを借り、そこに移り住んだ。島の生活にもなれたある日、龍左民が吉之助にこういった。

「じつは、いい嫁を世話したいと思っているのですが。島の暮らしになれ親しんでいるようだが、男手だけでは不自由なこともあるでしょう。じつは候補の娘もいるのです。ぜひ考えてみてください」

吉之助は思わぬ話にびっくりした。島娘を妻にしても、藩の掟《おきて》によって、島を離れるときはその娘を連れていくことができない。そのようにして別れるときがきたら、どれほど辛いことか、娘にとってもふびんなこと、きわまりない。吉之助はそう思っていた。

だから吉之助は、嫁をすすめられて、断ろうと思った。しかし、吉之助は娘の名を聞き、かねて見知っている娘であることを思い出した。

龍左民と縁つづきの龍左栄志《さえし》の娘で、於戸間金《おとまがね》という。目が美しく、長い黒髪の気立てのやさしい女だった。龍左民は、島の女たちが島妻《あんご》となったとしても、主人が本土に帰るときには、悲しみを押えて別れるのがしきたり、と心得ている。だから心配することはない、といって説得した。

吉之助は三十三歳、娘は二十三歳である。左民にいくども勧められ、吉之助もその気になった。内輪だけで簡素な結婚式をし、一緒に暮らしはじめた。これを機に「愛加那《あいかな》」と名を改めた。藩から扶持米をもらっているから生活に困ることはない。

二人は、とくにやるべき仕事もないので、島内を一緒に歩いたり、海岸で釣りを楽しむなど、仲睦《なかむつ》まじく暮らした。

やがて結婚二年後の文久元年（一八六一）、愛加那は長男菊次郎《きくじろう》を産む。吉之助は三十五歳で、はじめて父親になったのだが、子どもの顔を見ていると、「この島にずっと住みつづけてもいい」とさえ思えてくる。

吉之助が愛加那と奄美大島での生活を楽しんでいる一方、島民たちは薩摩藩から押しつけられたきびしい年貢《ねんぐ》を納めるために、苛酷な砂糖キビづくりに汗水を流していた。もし、年貢が納められなければ、牢に入れられたうえ拷問《ごうもん》された。

しかも島民たちの生活は貧しい。自分たちの生活を犠牲にして、年貢のための砂糖キビをつくっていたのだ。吉之助は、そうした現実を知って、放置しておくことができなかった。自分がもらった扶持米を島民たちに分けたこともある。

しかし、役人のなかには不正を働き、自分のふところを肥やす者もいた。相良角《さがらかく》兵衛《べえ》という代官は、無実の者までを捕えて責める、というひどさだった。

吉之助はそれを知ると、役所のある名瀬へ出向き、相良角兵衛に面会して、「無実の者を釈放してほしい」と談判におよんだこともある。だが、相良は耳を貸さない。そこで吉之助は、つぎに見聞役の木場伝内《こばでんない》に働きかけた。

それを知った相良は、吉之助に非礼をわび、島民たちを放免《ほうめん》したのである。この一件は、島中に広まり、吉之助をさらに尊敬するようになった。

ところが、まもなく、藩から「至急、帰還せよ」との報《しら》せがとどく。いつか、このような日のくることを覚悟していたとはいえ、最愛の妻や子と別れるのはつらい。迎えの船がきたのは、文久二年（一八六二）一月のことである。奄美大島での生活は、足かけ三年だが、島の人びとは吉之助のために別れの宴を開き、感謝の思いを伝えた。

奄美大島にやってきたとき、西郷吉之助は「菊池源吾」と名乗っていたが、鹿児島に戻ったときは「大島三右衛門《おおしまさんえもん》」と変えていた。

鹿児島に帰った吉之助は、その四か月後に島津久光《しまづひさみつ》の怒りにふれ、こんどは徳之島《とくのしま》送りとなった。つづいて沖永良部島《おきのえらぶじま》と、きびしい離島暮らしがつづいたのである。

一方、愛加那は吉之助と別れたのち、七日に長女の菊草《きくそう》を産んだ。その後のことだが、菊次郎は九歳のとき、鹿児島の西郷家に引き取られた。菊草も十四歳のとき、西郷家に引き取られ、菊子《きくこ》と名を改めている。

愛加那には、三年という短い夫婦生活だが、それでも満ち足りた日々を過ごすことができ、幸せを感じていた。しかし、悲しいことに明治十年（一八七七）、西南《せいなん》戦争がはじまり、吉之助は五十一歳でこの世を去った。

息子の菊次郎も西南戦争に参戦している。片足を失ったが、のちに京都の第二次市長として腕を振った。娘の菊子は、大山格之助《おおやまかくのすけ》（大山巌《いわお》の弟）に嫁いだ。

愛加那は、二人の子と別れたあと、吉之助を思い出しながら織物の仕事をした。晩年、養子を迎え、畑仕事をつづけたが、明治三十五年（一九〇二）、六十六歳で病死した。吉之助に愛された島の娘の最期だった。

呼び戻された西郷吉之助

西郷吉之助が呼び戻され、奄美大島から帰ってきたとき、藩主は二十三歳という若い島津忠義《ただよし》だった。父の久光は四十六歳である。

斉彬亡きあと、異母弟の久光が藩主になってもいいようなものだが、お家騒動の張本人である側室お由羅《ゆら》の子であることをはばかった。そこで、自分の子の忠義にあとを継がせ、自分がそのうしろで藩の実権を握る、ということにしたのだ。

吉之助が奄美大島に潜居しているあいだ、藩の動向にも大きな変化があった。勢力をのばしていたのが大久保正助《しょうすけ》（利通）を中心とする急進的な誠忠《せいちゅう》派だった。かれらはじつに過激で、脱藩したうえで蜂起《ほうき》しようとしていたのである。

久光はそれを説得し、蜂起を押えた。ところが、文久元年（一八六一）十月になると、久光は誠忠派にそそのかされ、中央に進出して公武合体《こうぶがったい》の実現に動こうとした。

しかし、中央に進出するためには、吉之助の力が必要となる。吉之助は中央政界に通じているし、人脈もあるから利用価値は大きい。藩のなかには、「中央進出は時期尚早《じきしょうそう》」と反対する者がいた。いずれにせよ、行動を起こすには吉之助の力を借りるのが得策として、吉之助を藩に呼び戻すことにした。

先に述べたように、吉之助は文久二年（一八六二）二月十二日、鹿児島に帰ってきた。

中央進出というのは、藩兵をひきいて上洛《じょうらく》し、朝廷から幕府にたいして幕政改革を命じる詔勅《しょうちょく》を出してもらう、という運動だった。久光と大久保とのあいだで、この計画が進められていたのである。

鹿児島に戻ってそのことを知らされた吉之助は大反対だった。

「時世が変わっている。もう少し時をかけて有力大名を説得し、協力を得なければ無理だ」

とはいえ、吉之助は奄美大島に三年もいたのだから、むしろ吉之助のほうが遅れているというべきかもしれない。すでに幕府の権威は地に堕ちていたし、尊攘《そんじょう》派の勢力はおどろくほど大きくなっていた。

だから久光や大久保は、吉之助もこの計画に賛同し、参加してくれる、と信じていたのである。意外なことに、吉之助が「無理だ」といったので、とまどったが、吉之助の主張に耳を貸さなかった。

ところで、大久保正助はどのようにして島津久光と親しくなったのだろうか。

大久保は吉之助より二歳年下だが、二人とも下級武士の家に生まれたこともあって、幼いころから切磋琢磨《せっさたくま》した仲だった。

安政五年（一八五八）、島津斉彬が病死したあと、吉之助が奄美大島に潜居を余儀なくされたのに、大久保は安政六年（一八五九）、同志と脱藩し、大老井伊直弼《いいなおすけ》を倒すことを企《たくら》んだ。これは藩主の忠義に諫《いさ》められ、断念している。

大久保は、それなりに努力したかいがあって、しだいに陽の当たる道を歩き出す。たとえば、久光が囲碁を好んでいることを知ると、久光の相手である吉祥院《きっしょういん》住職の篤清《あっきよ》を訪ね、囲碁の手ほどきを受けた。こうして久光へ接近、囲碁を通じて親しくなっていったのである。

やがて久光に認められた大久保は、勘定方小頭《かんじょうがたこがしら》、御小納戸《おこなんど》と、異例の早さで昇進していく。しだいに藩政の中枢へと近づき、文久元年（一八六一）には、久光の意を受けて、公武合体運動を推進する。朝廷と幕府を一体化し、開国できる体制をつくろうとした。そのころ、吉之助は、まだ奄美大島にいた。

ところが、公武合体運動は失敗する。それでも久光と大久保はあきらめず、西郷吉之助を奄美大島から呼び戻したのだ。

鹿児島に帰ってきた吉之助は、久光と大久保の藩兵をひきいて上洛するという計画を聞いたとき、斉彬ならそんな稚拙《ちせつ》なことは絶対にやらない、と思った。

「ジゴロオに何ができるか！」

吉之助は失望のあまり、同志に向かって罵《ののし》った。「ジゴロウ」とは、田舎者を意味する薩摩の方言である。久光はいくらがんばっても、斉彬のようにはできない。思わずそういってしまったのだ。

いずれにせよ、島津久光が兵をひきいて上洛するという計画は、実施することになった。

吉之助には、大久保から久光公の伝言というかたちで「先発して下関《しものせき》で久光一行を待つように」と伝えられた。吉之助は、村田新八《むらたしんぱち》を供にする許可を得て、二人で下関に向かった。

下関の白石正一郎《しらいししょういちろう》宅に着いたのは三月二十二日だが、白石は廻船問屋《かいせんどんや》を営むかたわら、維新《いしん》運動に力を注いでいた。西郷吉之助とのつきあいも古い。吉之助がはじめて白石宅を訪れたのは安政四年（一八五七）十一月のことだ。斉彬の命を受け、中央への足がかりとして下関〜鹿児島間の航路を開くためである。

当時、白石は「薩摩との交易をしたい」と考えていただけに、吉之助から話を聞くと、即座に交易を申し出た。やがて長州《ちょうしゅう》藩の木綿や塩を薩摩に運び、薩摩からはサツマイモや琉球《りゅうきゅう》の産物を運びはじめた。こうして薩摩藩は、なにかと白石正一郎を頼るようになった。

吉之助が白石宅に到着すると、そこには薩摩の森山新蔵《もりやましんぞう》や筑前《ちくぜん》の平野国臣《ひらのくにおみ》らが待っていた。薩摩の久光が千人の兵をひきいて上洛する、という話はすでに広まっているらしい。尊攘派の志士たちは、そのことを知ると、「倒幕の好機」とばかりに各地からつぎつぎに京や大坂に集まってきた。しかし、久光は、倒幕をめざして行動しようとしているのではない。

吉之助は、平野からそうした事態になっていることを聞くと、困惑した。

「志士たちは、なにか勘違いしているのではないか。ここで志士たちが決起しては、困ったことになるぞ」

下関で久光を待つ約束だったが、吉之助はそれを無視し、急いで大坂へ向かうと、急進派たちの決起をやめさせようと、説得してまわった。

ところが、おどろいたのは三月二十八日、下関に着いた久光である。聞けば、六日も前に下関を出発していることがわかった。大久保は吉之助の行方をさがし、ようやく伏見《ふしみ》で会い、話し合った。その後、姫路《ひめじ》へ戻り、久光に報告した。いくら事情を説明しても、吉之助に裏切られたと思い込んでいる久光の怒りは解けない。

それというのも西郷吉之助に反感を抱く者が、とんでもないことを久光に吹き込んでいたのである。

「西郷吉之助が〝いっしょに死のう〟と、急進派をあおっている」

久光が怒ったのも当然だった。

「命令を無視したばかりか、予《よ》が考え抜いた計画をつぶそうとしている。絶対に許さない」

久光の誤解なのだが、吉之助は久光に会って釈明することも許されず、七月には徳之島、八月には沖永良部島へとまたもや離島へ流されたのである。

二つの事件と愛加那との再会

吉之助は、せっかく奄美大島から戻ってきたというのに、わずか四か月後、「命令を無視し、勝手に行動した」として久光の怒りにふれ、身柄を拘束されたのだ。吉之助は藩船で鹿児島に送還されたが、山川港に着いても上陸を許されない。狭い船の中で窮屈な思いをしながら数日過ごさなければならなかった。

そうしたさなかの四月二十三日に寺田屋《てらだや》事件が、八月二十一日には生麦《なまむぎ》事件が起きたのである。

千人の藩兵をひきいて四月十六日に上洛した久光は、九か条におよぶ幕政改革の意見書を朝廷に出す。その結果、孝明《こうめい》天皇から「不穏浪士を鎮静せよ」との勅諚《ちょくじょう》を受けた。

しかし、有馬新八《ありましんぱち》らの過激派らが薩摩藩の定宿だった伏見の寺田屋に集まり、関白九条尚忠《くじょうなおただ》、所司代酒井忠義《さかいただよし》を殺そうと企てていた。久光は過激派を説得しつづけていたが、それに応じないため、奈良原繁《ならはらしげる》（喜八郎《きはちろう》）、道島五郎兵衛《どうじまごろべえ》らを鎮撫使《ちんぶし》として派遣し、上意討《じょういう》ちを命じたのである。

壮絶な斬り合いとなり、その結果、九人の藩士が斬死《ざんし》。これで藩内の過激派がほとんど姿を消した。鎮撫使の道島も死んだ。

そのあと、朝廷は、将軍の上洛と幕政改革を実行させるため、公家の大原重徳《おおはらしげとみ》を勅使に任命。大原は五月二十二日、京を出発し、江戸へ向かった。

島津久光は大原重徳に随行したが、そのねらいは朝廷の力を借りて幕府に幕政改革を迫ることだ。

福井の松平慶永《まつだいらよしなが》と一橋慶喜《ひとつばしよしのぶ》は、将軍継嗣《けいし》問題で蟄居《ちっきょ》を命じられている。大原は将軍家茂《いえもち》と会見し、その二人を登用せよ、との勅旨《ちょくし》を伝えた。大原の強迫的な態度に、幕府は抵抗しきれず、七月六日には、将軍家茂がまだ十七歳であることから一橋慶喜を将軍後見職に、三日後には松平慶永を政事総裁職に任じた。

政事総裁職は、幕府内外の政事について、将軍を補佐するための役職で、大老に相当するものだった。大老でもいいようなものだが、それまで家門大名（徳川将軍家の一族で三家、三卿以外の大名）が大老になった例がない。それに武家格式のうえから慶永が大老というのでは、格下げということになる。そこで新しい役職をつくり、慶永が幕政の最高責任者として腕をふるえるようにしたわけだ。

この結果、慶喜・慶永政権ができたようなもので、島津久光にとっては幕政改革という目的が達成されたことになる。久光一行は八月二十一日、江戸を出立し、帰路につく。

ところが途中、生麦（神奈川県横浜市鶴見区）で四人のイギリス人と鉢合せする。イギリス人は騎乗のまま、行列の前を通過しようとしたところ、久光一行はそれを怒って斬りかかる。四人のイギリス人のうち一人が死亡、二人は負傷し、一人は居留地へ逃げ帰った。激怒した列国は「野蛮な殺戮《さつりく》」と、幕府に厳重な抗議をしてくる。久光一行はこれを無視し、帰国した。

吉之助が乗った藩船は、鹿児島の山川港を出て、かつて暮らした奄美大島よりさらに南、徳之島に向かった。文久二年（一八六二）六月のことである。途中、奄美大島に寄港したが、罪人扱いの吉之助は上陸することができない。

妻の愛加那は、いまどうしているのか。息子の菊次郎は大きくなっただろうか。吉之助は、二人のことを思わない日がなかった。吉之助が奄美大島を離れたとき、愛加那は二人目の子を懐妊していたが、無事に産まれたのだろうか。

男の子なのか、女の子なのか、吉之助にはわからないが、どちらにせよ、健《すこ》やかに成長していれば、いうことはない。

吉之助は愛加那に「徳之島にくることになった」と手紙を書き、奄美大島で上陸する人を見つけ出し、「愛加那へ届けてほしい」と頼み込んだ。

やがて藩船が徳之島に着く。吉之助は奄美大島のときとちがって、こんどは本当に流人である。しかし、代官は情にあつく、吉之助のことをよく知っていたので流人のように酷《こく》には扱わなかった。

かつて親しくしていた奄美大島の在番役木場伝内からはつい先ごろ「愛加那が女の子を産んだ」と知らせてきた。吉之助は愛加那にはむろん、その女の子に会い、抱きしめたいと思った。しかし、無理なことと、あきらめていた。

ところが突如、愛加那が菊次郎と菊子と名づけた女の子を連れて、吉之助の前に姿を現したのである。吉之助はあまりのうれしさに言葉も出ない。

「よくきてくれたな」

それだけいうと、幼い菊子を抱きながら、吉之助は愛加那と喜びあった。

再会の喜びも束の間、その日のうちに沖永良部島への遠島《えんとう》が命じられたのである。

翌日、愛加那と子どもたちは奄美大島へ帰り、吉之助はさらに南の沖永良部島へ移送された。

書の師、川口雪篷

吉之助は八月十六日、沖永良部島に上陸すると、すぐ和泊《わどまり》村の牢獄に入れられた。獄舎は二坪ほどの狭いところで、荒格子《あらごうし》がはめこまれているだけだから、晴れの日は日射しが差し込むし、戸も壁もない。天候が荒れると、風が吹きつけるし、雨が入り込んで体が濡れる。

食事も粗末なもので、朝は薄い味噌汁、昼と夜は冷飯に水をかけ、塩をなめながら食べる。吉之助はみるみるやせ細っていった。ひげはのびるし、髪も乱れる。着物は、ほかに換えるものもなく、汚れ放題だから、悪臭がただよう。しかし、吉之助は、その苦痛に耐え、つねに端座《たんざ》していた。

薩摩の進歩的な若者たちの指導者である西郷吉之助。藩のためだけではなく、国を思い江戸や京で奔走したのだ。その吉之助は、きびしい獄舎にあっても不平をいわず、「君命なれば、それにしたがうのみ」といって、端然《たんぜん》として座す姿は見る者の心を打つ。

島の役人、土持政照《つちもちまさてる》は、その姿におどろき、やがて敬服に変った。

ある日、土持は「吉之助のために力になりたい」と思い、野ざらしの獄舎から座敷牢へ変えたのである。むろん、代官の許可を得てのことだ。

土持が藩の命令書を読み返してみたところ、「囲いに押し込めること」と書かれていたが、「牢に入れよ」とは、どこにも書いていない。そのことに気づいた土持は同僚の役人と相談し、代官に新たに座敷牢をつくることを願い出たのである。代官が許可し、古い家を改造して、そのなかに座敷牢をつくったのだ。そうした一方、土持の母がおいしい食事をつくって運ぶ。風呂に入ることもできた。吉之助は体力が回復したことから本を読むようになった。

やがて吉之助は書家で、陽明学者《ようめいがくしゃ》の川口雪篷《かわぐちせっぽう》に出会い、大きな影響を受ける。当時、吉之助は三十七歳、雪篷は四十五歳である。なによりも酒が好きという人物で、久光が秘蔵していた書を無断で売り払い、酒代にしてしまった。それがばれて、沖永良部島へ流罪ということになったのである。

しかし、島では自由に歩きまわることが許されていた。そこで雪篷は、座敷牢に閉じ込められ、外を歩くことのできない吉之助を訪ねてきては、書や陽明学を教えた。

吉之助は、素直に学んだ。さらに勧められるままに本を読むほか、詩作に励んだり、懸命に写本に取り組んだりした。吉之助は、多くの書や詩を書き残しているが、それは雪篷の影響を受けたからだった。

やがて吉之助は、雪篷を師として尊敬するようになる。雪篷もまた吉之助の謙虚さや人間としての器《うつわ》の大きさにひかれていく。こうして二人の友情は深まった。のちのことだが、赦免《しゃめん》されて鹿児島に戻ったあとも交流がつづき、雪篷は慶応二年（一八六六）から西郷家に住み、子どもたちの家庭教師となり、書や漢学を教えた。明治十年（一八七七）、吉之助が西南戦争で死んだのちも、夫人や子どもたちの世話をした。

イギリス艦隊が攻めてきた

吉之助が沖永良部島で流人生活を送っていたころ、とくにやるべき仕事もないので、書物を読んだり、詩を詠《よ》んだりしていた。じつは、世の中が激動していたのに、その様子もほとんど伝わらず、切迫感はなかった。

「もし赦免されたら奄美大島で隠居し、愛加那や子どもたちと穏やかに暮らしたい」

そのように思っていた。ところが実際には薩摩の錦江湾《きんこうわん》にイギリス艦隊が姿をあらわし、薩摩藩と激突していた。

イギリス艦隊は文久三年（一八六三）、生麦事件の犯人の処罰と賠償金二万五千ポンドの支払いを求めて錦江湾に侵入し、脅してきたのである。戦争をするつもりはないし、要求が通ればよかったのである。

しかし、薩摩藩があれこれと駆引きをするものだから、交渉がこじれて七月二日に開戦となった。薩英《さつえい》戦争がはじまったのだ。

開戦のきっかけはこの日、イギリス艦隊が薩摩藩の三隻《せき》の汽船を拿捕《だほ》したことだった。汽船は、薩摩藩がヨーロッパから買い入れたものだから、それを拿捕するとはなにごとか、と怒ったのである。当時、錦江湾の沿岸には十か所に砲台を配備していたが、それらがいっせいに砲撃した。

イギリス艦隊にしてみれば、交渉を有利に進めるための脅しにすぎなかったが、薩摩藩は、それを宣戦布告と受け取り、応戦したのである。

こうなると、イギリス艦隊も沈黙しているわけにはいかない。軍艦に装備していたアームストロング砲が火を吹く。薩摩の砲台は大半が破壊されたほか、六隻の船が焼き払われた。さらに被害は城下にもおよび、約一割の家屋が焼失したほどだった。

イギリス艦隊にも被害があった。薩摩が放った砲弾が旗艦ユーリアラス号に命中し、艦長をはじめ、戦死者は十三人に達した。そのほか多くの負傷者が出た。

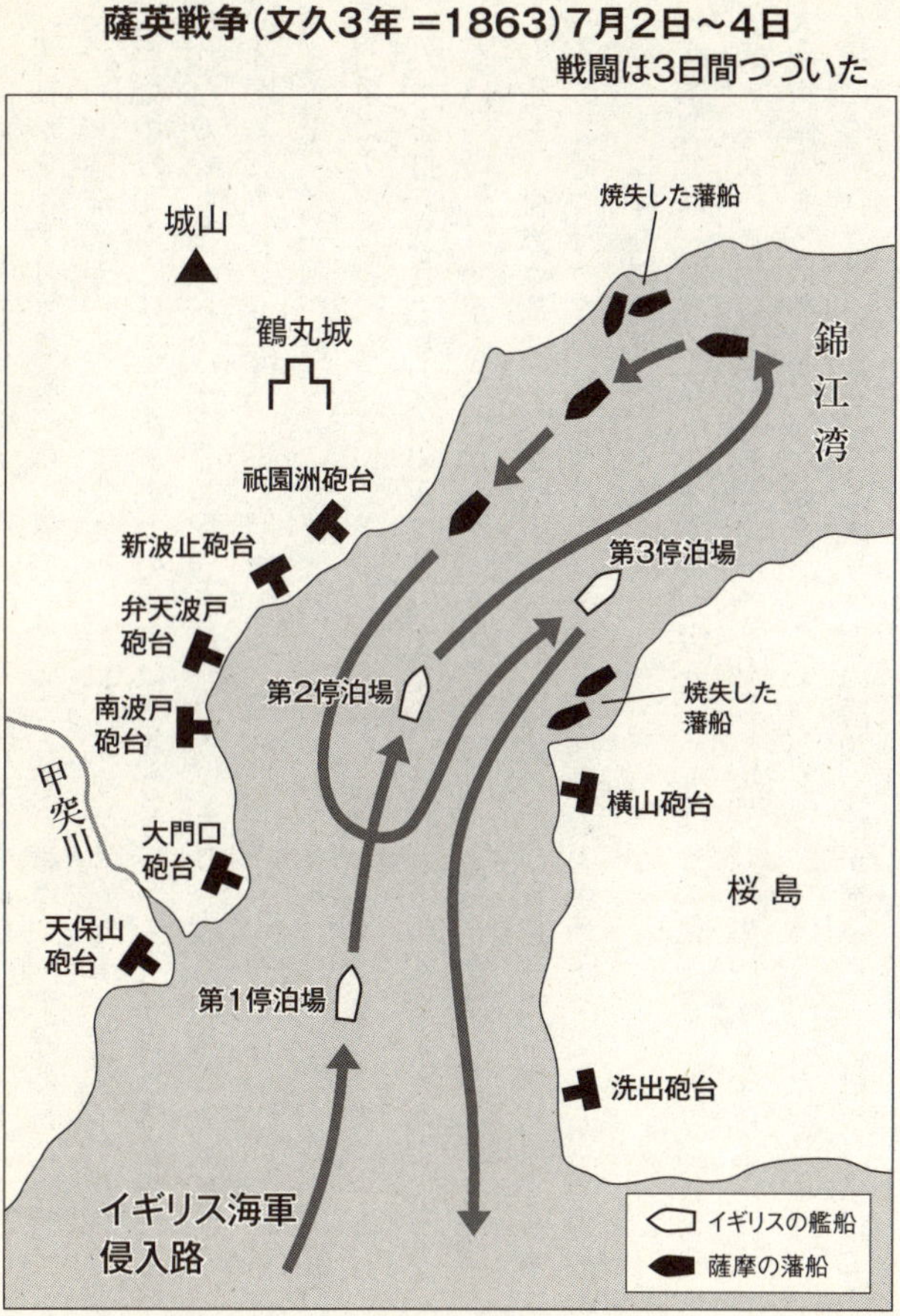

薩英戦争(文久3年＝1863)7月2日～4日
戦闘は3日間つづいた

この戦争のとき、西郷は沖永良部島にいた。

当初からイギリス艦隊には、徹底して戦うつもりはない。七月四日には戦うことをやめ、錦江湾から退去していた。それは、あたかも薩摩軍がイギリス艦隊を追い払ったかのように見えたが、実力の差ははっきりしている。イギリス艦隊は追い払われたのでもないし、薩摩藩の指導者は誰もがイギリス艦隊の強さを痛感した。

薩摩藩はそれとともに、攘夷《じょうい》がいかに無謀なことであるかを思い知ったのである。イギリス一国だけで、これほどの軍備の威力を見せつけられたのだが、諸外国を相手にするなど、とうていできるものではない。

外夷《がいい》を打ち払うよりも、いかに誼《よし》みを通じ、共存していくかを考えたほうが、どれだけいいか、わからない。だが、そのことに気づいた人物は、まだ少ない。

しかし、薩摩が激しく攻撃されたのに、薩摩への世間の眼は「攘夷の急先鋒」ということだった。皮肉なことだが、そのように見る人が多かったし、京での活動がしやすくなったのもまちがいない。

薩摩藩では、攘夷の無謀さを知ったばかりだというのに、「イギリスが再来する」と思い込み、砲台の改修強化に力を入れた。焼失した集成館《しゅうせいかん》もすばやく復興し、大砲や砲弾などの製造を急がせた。

時代の流れは早い。江戸でイギリスとの講和交渉が進み、十一月一日にはこの事件が解決。さらにこれをきっかけに、薩摩藩はイギリスに留学生を派遣したり、武器などを買い入れるほど親密な関係に変わった。

あっというまに薩英戦争は終息したが、沖永良部島にいた吉之助が薩英戦争のことを知ったのは、二か月後の九月のことである。それでもイギリス艦隊が攻撃してきたと聞くと、自分も馳《は》せ参じたい、と思ったらしい。

吉之助は、すでに古くからの同志にたいして覚悟のほどを、つぎのように書いていた。

「いよいよ危急の場合にまかり成り候《そうら》わば、いかにもいたし、小宮山《こみやま》の跡を追って、赤心《せきしん》を顕《あらわ》し申すべしと、これのみあい考えて候事にござ候」

文中に出てくる「小宮山」は、武田勝頼《たけだかつより》の家臣小宮山内膳正《ないぜんのしょう》のこと。勝頼の勘当を受けていたのに、小宮山は「主君危うし」と聞き、戦場に駆けつける。勝頼に殉じて壮絶な最期を遂げた人物だった。

「その小宮山のように行動したい」

吉之助は、そういっていたのである。実際、イギリス艦隊の攻撃を受けたと知り、沖永良部島からの脱出を画策し、船を準備したほどだった。吉之助は、船が完成したあと、薩英戦争が終わったことを知り、脱出をとりやめた。

赦免船と愛加那との四日間

元治元年（一八六四）二月二十一日、吉之助の赦免状を持参した藩の使者吉井友美《よしいともみ》、西郷信吾《しんご》（のち従道《つぐみち》）らが藩船に乗り、沖永良部島にやってきた。

赦免があるかもしれないという噂は、吉之助も聞いていたが、実際に赦免を見るまでは、本当かどうかわからない。しかし、その日、吉之助は島役人らと海岸に出て、船が近づいてきたのを見て、「本当なのだ」と喜びに包まれた。

吉井や信吾の姿を船上に認めたからだ。吉井は古くからの友人だし、信吾は弟である。

こうして吉之助は赦免となり、鹿児島へ戻ることになった。その背景には前年、文久三年（一八六三）七月、薩英戦争があったほか、八月十五日には京でクーデターが起こり、内乱と諸藩割拠《かっきょ》のきざしが見えはじめたからだ。

諸問題を収拾するために、西郷吉之助という人物が必要だったのである。京のクーデターは「八月十八日の政変」と呼ばれるが、当日、薩摩藩は会津《あいづ》藩と手を組み、御所《ごしょ》のすべての門を閉ざし、要所を武装した兵でかためた。

そのなかで御所では御所会議が開かれる。この席上、天皇の大和行幸《やまとぎょうこう》が延期され、さらに三条実美《さんじょうさねとみ》、三条西季知《さんじょうにしすえとも》、沢宣嘉《さわのぶよし》、東久世通禧《ひがしくぜみちとみ》、四条隆謌《しじょうたかうた》、錦小路頼徳《にしきこうじよりのり》、壬生基修《みぶもとおさ》といった七人の尊攘《そんじょう》派公卿と長州《ちょうしゅう》藩士の追放を決めてしまった。公卿は長州へ落ちのびたので「七卿《しちきょう》落《お》ち」という。

それまで尊攘派の長州藩が朝廷に影響力をもっていたのだが、その長州藩を締め出し、薩摩藩や会津藩の公武合体《こうぶがったい》派が主導権を手にしたのである。

その後、一橋慶喜（将軍後見職）、松平慶永（越前藩）、伊達宗城《だてむねなり》（宇和島《うわじま》藩）、山内容堂《やまのうちようどう》（土佐《とさ》藩）、京都守護職の松平容保《かたもり》（会津藩）らによる参与《さんよ》会議ができた。さらに翌元治元年一月、薩摩の島津久光がこれに加わる。

こうして公武合体派の六人が新内閣をつくったようなものだった。しかし、慶喜も久光も実権を握ろうとしたり、牽制《けんせい》しあったりするだけで、なにも機能しない。三月には解散してしまった。

薩摩藩には「このままでは孤立して、勢力も低下しかねない」という危機感が生じてくる。やがて「方向転換のために西郷吉之助の力が必要だ」と主張する声がたかまり、久光はやむなく西郷吉之助の赦免を認めたのだ。

吉之助は「八月十八日の政変」について、おおよそのことは迎えにきた吉井友美や信吾から聞いた。

吉之助を乗せた藩船は、鹿児島を目ざしたが、翌日、奄美大島に寄港した。吉之助には思ってもみなかったことだが、島に上陸し、妻子が住む龍郷《たつごう》に足を向ける。愛加那や子どもたちとなつかしい再会をしたのだが、吉之助はうれしくて言葉にならない。

「大きくなったな」

月並みのことしかいえなかった。とくに二年もたてば、子どもの成長は早い。吉之助は子どもたちの姿におどろくばかりだった。

愛加那にしても思いがけなく吉之助に会うことができ、大喜びだった。うれしさのあまり涙を流したが、そんな愛加那を、子どもたちは不思議そうな顔で眺めた。

吉之助は四日、龍郷に滞在して、これまでのことを話したり、島を歩いたりして時を過ごした。

名残《なごり》は尽きないが、吉之助を乗せた船は奄美大島に別れを告げた。喜界島《きかいじま》に寄り、村田新八を乗せた藩船は、二十八日に鹿児島の山川港に着く。

ところが、吉之助は二年も座敷牢で生活していたため、足腰が弱って思うように歩けない。自分の家に帰るのに、駕籠《かご》が必要だった。

西郷が遠島となった三つの島

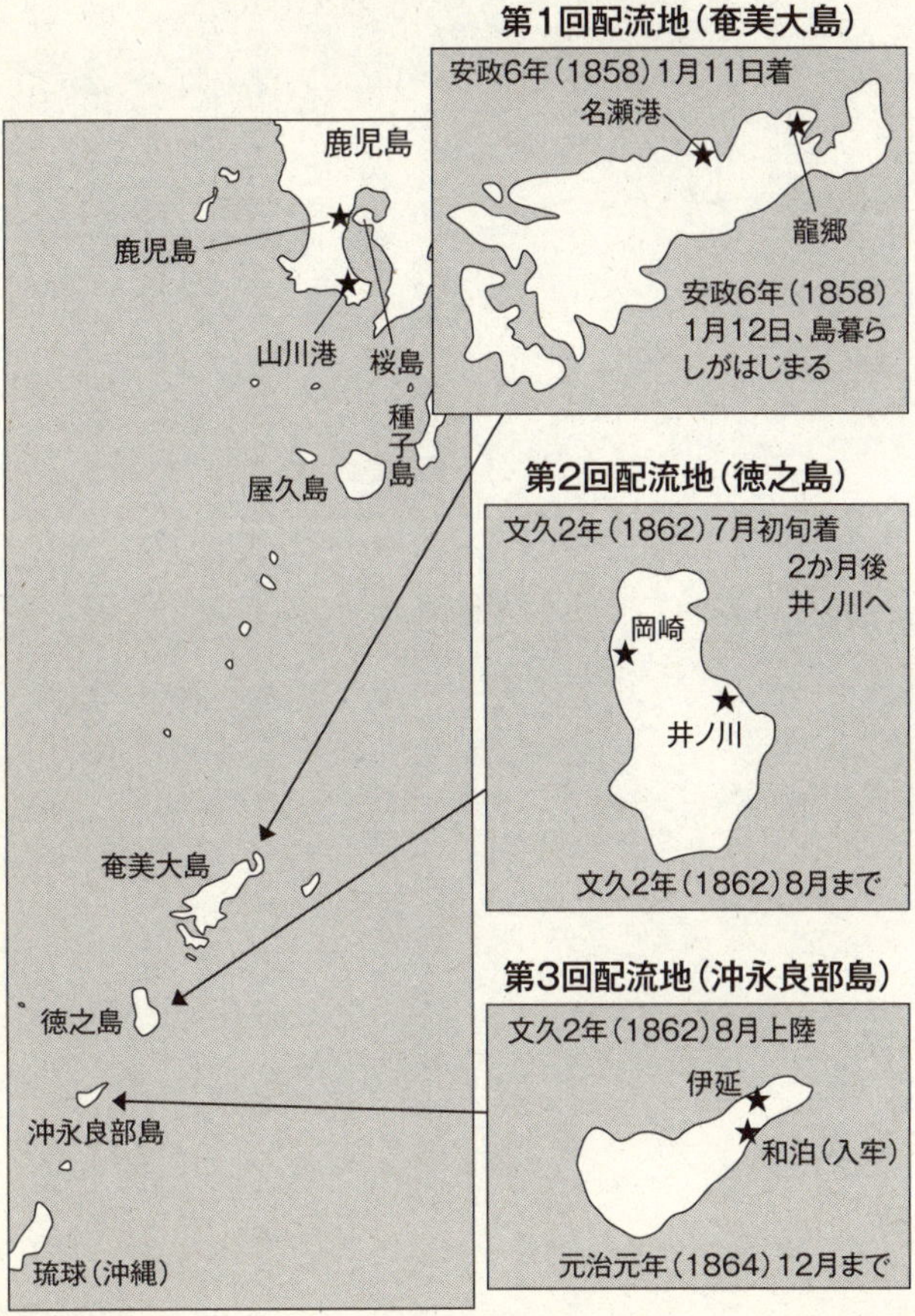

それなのに吉之助は二日後の三十日、島津斉彬の墓参りをすませた。帰国の報告をし、斉彬の遺志は必ず実現する、と決意を新たにしたのである。

疲れているとはいえ、休んでいるわけにもいかない。吉之助はそう思い、三月四日には京へ出立。三月十八日、久光に会い、軍賦役《ぐんくばりやく》に任じられた。軍賦役というのは、薩摩藩の軍司令官である。吉之助は、薩摩藩における中央での政治・軍事上の最高責任者についたわけだ。

情報官から薩摩藩を代表する軍司令官へ。ようやく吉之助の出番がまわってきたのである。吉之助は三十八歳。倒幕から維新へという歴史の舞台で主役を演じることになる。

第四章　篤姫と皇女和宮の和解

皇女和宮の降嫁

篤姫《あつひめ》は、家定《いえさだ》のあとを継いだ、まだ十四歳の将軍家茂《いえもち》の縁談を気にかけていた。

周囲ではいろいろな話が出ているらしく、公武合体《こうぶがったい》を唱える者たちのあいだでは、皇女和宮《こうじょかずのみや》が将軍に降嫁《こうか》されることはないのか、という意見が出ていた。篤姫のところにも、そうした話が伝わってくる。和宮の将軍降嫁となれば、公武合体も実現する、という期待も添えられて——。

当時、幕府はなにかと対立する朝廷との関係を緩和させようと、朝廷に和宮の降嫁を要請していた。表面的には公武合体を主張したが、これは従来の幕府独裁政治を修正し、朝廷と幕府とを一体化させるというものだった。そのことによって、幕藩体制を再編成しようとしたのである。

しかし、和宮は六歳のとき、十七歳の有栖川宮熾仁《ありすがわのみやたるひと》親王と婚約していた。幼いころのことであり、一度も会ったことがないのに、和宮はそのことを大事にしていたのである。

そこに「将軍家茂の御台所《みだいどころ》に」という話が舞い込み、和宮は混乱した。

「降嫁するくらいなら尼《あま》になる」と拒絶した。だが、いつまでも拒んでいられない。兄の孝明《こうめい》天皇もやむなく降嫁を許可した。

和宮は、孝明天皇への手紙につぎのように書いている。

「天下泰平《てんかたいへい》のため、まことにいやいやのこと、余儀《よぎ》なく御請《おう》けすることにしました」

篤姫は和宮降嫁の話を聞いて、眉をひそめた。公家のよわよわしい女性では、将軍の御台所としてこの難局を乗り切るのはむずかしいのではないか、と危惧《きぐ》した。やはり武家出身の頑丈な女性を迎えるべきではないのか、という思いは捨てきることができなかった。

家茂が十四代将軍に就いたのはその前年、安政五年（一八五八）のことである。当時、国内では安政の大獄《たいごく》が吹き荒れ、反幕府運動も激しさを増していた。だれが舵取《かじと》りをしてもむずかしい時期とはいえ、十三歳の将軍は幕政に火ダネを投じたようなものだった。

そうしたさなかに家茂と和宮との結婚が実現したのである。

和宮の一行は、千数百人の大行列となった。幕府はそのため、十二藩を動員して、和宮の輿《こし》を警護させた。さらに沿道には十九藩の藩士たちが警備に当たった。

文久元年（一八六一）十月二十日、京都を出発した一行は、東海道ではなく、中山道を通って江戸へ向かった。東海道を避けたのは過激派の動きを警戒してのことである。

江戸に到着したのは十一月十五日。和宮は、ひとまず御三卿《ごさんきょう》の一つ、清水《しみず》家の屋敷に落ちついた。十二月十一日には江戸城本丸に入ったが、婚礼の儀が行なわれたのは翌文久二年（一八六二）二月十一日のことだった。

当時、大奥には、実力者がそろっていた。十三代将軍家定の未亡人で、将軍家茂の養母となっていた篤姫（天璋院《てんしょういん》）をはじめ、家定の生母本寿院《ほんじゅいん》（お美津《みつ》の方《かた》）、家茂の生母実成院《じっしょういん》（おみさの方）が、それぞれ二百人以上の奥女中を使って暮らしていた。

たいそう複雑な状況にあったのである。和宮は、そこに三百人近くの京育ちの女官たちを連れ、輿入れしたのだ。大奥に混乱が生じたのは当然だが、大奥での習慣のちがいが混乱に拍車をかけた。

大奥には日常の行儀作法や服装、髪形、化粧、交際など長い間に形づくられた特有の慣習がある。それは、武家風といわれるものだが、和宮はそれとは異なり、御所風《ごしょふう》を大奥に持ち込んだ。

それに将軍の正室は「御台所」とか、「御台さま」と呼ばれるが、和宮はそれを嫌い、「和宮さま」と呼ばせた。

あらかじめ、降嫁にさいして、和宮は皇妹の資格のままで、しきたりも宮中通り、ということになっていた。だから将軍家茂と対面するときには、先に家茂のほうから挨拶をしたし、大奥でも京風の暮らしぶりで通した。

篤姫は見かねて、やんわりと注文をつけた。

「暮らしのすべてを江戸風に改めてほしい」

「当初から御所風でよい、とのことでした」

和宮は、そういってゆずらない。あくまでも皇女の立場を堅持しようとした。

篤姫は、将軍家茂の養母でもあったから、姑《しゅうとめ》としての立場があるし、和宮のいいなりになることはできない。むろん、姑といっても和宮が十七歳で輿入れしたとき、篤姫は二十七歳。さほど年が離れているわけではないし、話をすれば、いろいろな点で理解できるはずだった。

その後、政局は混迷をきわめ、将軍家茂は長州征討《ちょうしゅうせいとう》のために大坂城に入って指揮をとった。ところが、そのさなかの慶応二年（一八六六）七月、病に倒れたまま、帰らぬ人となった。まだ二十一歳の若さである。

心労が重なり、健康を害していたようだが、喉や胃腸に異常があったほか、脚気《かっけ》がかなり進んでいたという。

家茂と和宮の結婚生活は、わずか四年余。それに家茂は三度も上洛《じょうらく》していたから留守がちで、和宮とともに過ごした日は、それほど多くなかった。和宮は子に恵まれないまま、二十一歳で未亡人になったのである。

池田屋事件とその後の吉之助

文久三年（一八六三）には、芹沢鴨《せりざわかも》、近藤勇《こんどういさみ》らを中心に新選組《しんせんぐみ》が結成されていた。これは、京都守護職の支配下にある特別機動隊のような組織で、京都で活躍する反幕府勢力を取り締まるのが役目だった。

しかし、長州をはじめ、土佐《とさ》や肥後《ひご》、久留米《くるめ》など、諸藩の尊攘《そんじょう》派が新選組のきびしい目をかいくぐって京に潜入。ひそかに政権奪還の工作を進めていたのである。

ところが、元治元年（一八六四）四月、薩摩《さつま》藩主島津久光《しまづひさみつ》が国許《くにもと》に帰り、西郷吉之助《さいごうきちのすけ》が薩摩藩の代表として京で動いているとき、重大な異変が起きた。

近江《おうみ》出身の志士古高俊太郎《こだかしゅんたろう》は、枡屋喜右衛門《ますやきえもん》の変名を使い、四条寺町《しじょうてらまち》で武具商を営んでいた。むろん、商売は偽装であり、幕府方の目をくらまして情報収集や反幕府運動の工作をしていたのだ。

新選組はその動きを見抜く。六月五日早朝、枡屋宅を急襲し、古高を逮捕した。さっそく壬生《みぶ》（京都市中京区）の屯所《とんしょ》へ連行すると、きびしい拷問《ごうもん》を加えた。古高は堪えきれず、同志の計画を自供する。

「御所の周辺に放火し、中川宮《なかがわのみや》や松平容保《まつだいらかたもり》らを襲撃、孝明天皇を奪取し長州へ連れていく」

中川宮は朝彦《あさひこ》親王と称する。尊攘派と対立し、公武合体を推進した親王である。松平容保は会津《あいづ》藩主で、当時は京都守護職をつとめ、尊攘派を弾圧していた人物だ。

その日は祇園祭《ぎおんまつり》の宵宮《よいみや》である。古高が逮捕されたことを知った尊攘派志士たちは、善後策を協議するため、夕方になって急遽《きゅうきょ》、三条河原町《さんじょうかわらまち》の旅宿池田屋《いけだや》に集まった。

新選組はそれをつきとめると、京都守護職、所司代の応援を求めた。応援がなかなかやってこないため、新選組は池田屋に突入、凄惨《せいさん》な斬りあいとなった。まもなく京都所司代に命じられた三千人の会津藩兵が池田屋を取り囲む。激闘は一時間余におよぶ。多くの死傷者が出たが、とくに被害の大きかった長州藩では反発が強まる。これが池田屋事件だ。

当時、吉之助は京都における薩摩藩代表のような立場にあったが、所用があって兵庫（神戸）へ向かうところだった。途中、伊丹《いたみ》（兵庫県伊丹市）で一泊していたが、鶏鳴《けいめい》（丑《うし》の時。午前二時）のころ、会津藩などの捕方《とりかた》の報《しら》せが届いた。

吉之助は急いで京都に戻ったものの、動かなかった。吉之助は長州と会津の私闘とみていたからだった。とはいえ、長州の怒りは尋常《じんじょう》でない。挙兵して京へ押し寄せよう、ということになったのである。

目を北の蝦夷地《えぞち》へ転ずると、六月十五日、幕府は箱館《はこだて》に初の洋式城郭として五稜《ご》郭《りょうかく》を完成させていた。ここがのちに、戊辰《ぼしん》戦争の最後の戦場となる。

六月二十四日には、幕府から薩摩藩に出兵命令がくる。だが、長州と会津の私闘とみていた吉之助は、薩摩藩は中立を保つとして、それを拒否したのだ。一方の長州藩は兵を集め、戦う決意をかためていた。

七月になると、長州藩兵が京へ近づいてくる。そうした状況を知ると、吉之助も決断しないわけにはいかない。かりに長州軍が京へ攻め入り、主導権を握ることになれば、薩摩藩は京での足場を失うことになるからだ。

「禁門の変」で戦闘を指揮

吉之助が沖永良部島《おきのえらぶじま》から戻ってまもなく、元治元年（一八六四）七月十九日、禁《きん》門《もん》の変《へん》が起きた。

それは前年、公武合体派が「八月十八日の政変」をおこない、その結果、長州藩が京から追い出されたため、長州藩が反撃をはじめたのだ。

しかし、長州藩には当初、武力に訴えるという考えはなかった。もっとも長州藩の軍勢は、京の三方面、西は嵯峨《さが》、南は山崎《やまざき》、東は伏見《ふしみ》に布陣したが、藩主毛利敬《もうりたか》親《ちか》は、できれば平和裡《り》に入京の許可をもらい、朝廷に先の政変のときの処分撤回をしていただきたい、との嘆願書を提出しようとした。

孝明天皇は迷った一方、京都守護職松平容保は長州の徹底弾圧を、と主張する。天皇も最後には、信任する容保の主張を入れて、長州藩の処罰を考えはじめた。

長州勢は、なんとかして嘆願書を実現しようと、三方面から洛中《らくちゅう》めざしてなだれ込んできた。主導権を奪い返そうと必死だったのである。

これを迎え撃つ幕府軍は、薩摩や会津など十数藩で組織され、市中の各所に陣をかまえていた。伏見街道を進んできた長州軍は、幕府軍に阻止されたが、残りの二方面からは御所をめがけて進軍してくる。これだけで一千三百人におよぶ。

山崎を進んでくる一隊には久坂玄瑞《くさかげんずい》がいた。吉田松陰《よしだしょういん》の妹と結婚した長州指揮官の一人である。御所南西の堺町御門《さかいまちごもん》に向かったが、御所隣の関白鷹司《たかつかさ》邸あたりで福井《ふくい》、桑名《くわな》、彦根《ひこね》の藩兵たちから猛烈な砲撃を受けた。玄瑞はそれに応戦したが、結局は自刃《じじん》に追い込まれた。

もっとも激しい戦闘がくりひろげられたのは、蛤《はまぐり》御門でだった。ここで交戦がはじまったのは七月十九日のことだが、吉之助はこのとき、薩摩軍の軍司令官として御所付近で戦っていた。吉之助がはじめて指揮したのは、この戦闘だった。

戦いは禁門（皇居）の近くでおこなわれたため、流れ弾が宮中にまで飛んでくる。皇居内に砲弾が落ちることもあった。それを目撃した少年皇太子祐宮《さちのみや》がおどろき、失神するという騒動があったほどだ。

禁門近くで戦いがおこなわれたため「禁門の変」と称する。しかし、外郭九門のうちの一つ、蛤御門が最大の激戦地となったことから「蛤御門の変」ともいわれる。

薩摩軍は、めざましい戦いぶりで、蛤御門の長州藩を撃退した。吉之助も力強い指揮をとりながら薩摩兵の士気を鼓舞《こぶ》したが、自らも脚に弾丸を受けている。のちに手当てを受けた。

勝海舟との面談と倒幕

吉之助が戦闘を指揮した「禁門の変」は、長州藩を撃退し、吉之助の薩摩軍など幕府軍の勝利で終わった。

しかし、その後、幕府は三度にわたって長州征討に出陣するのだが、そのあいだに吉之助の気持ちも大きく変化する。影響を受けたのは勝海舟《かつかいしゅう》の話だった。

長州藩は御所に砲弾を撃ち込んだとして、朝敵《ちょうてき》との烙印《らくいん》が押された。幕府としては、朝敵だというのであれば見逃すわけにはいかない。幕府は長州藩を征討しようと元治元年（一八六四）七月二十四日、諸藩に出兵を命じ、征長軍を編成した。

長州藩にしてみれば大きな危機だが、さらに英仏蘭米の四か国連合艦隊が長州を攻撃する。それは前年、アメリカやフランス、オランダなどの商船が下関で砲撃された。その報復攻撃だった。攻撃は八月五日から八日までつづき、砲台を占領されるなど完敗した。

吉之助は当初、長州征討に意欲を見せていた。しかし、連合艦隊に攻撃され、打撃を受けたため、幕府軍が攻める好機だったのに、行動を起こさない。吉之助は早く征討して、長州藩の勢力を削《そ》ぐべきだと考えていたのである。

長州藩内部には当時、俗論《ぞくろん》派と正義派に分かれ、勢力争いをしていた。俗論派は「幕府へ恭順《きょうじゅん》しよう」と考える連中であり、正義派は「徹底抗戦」を望んでいた。

薩摩藩は、一橋慶喜《ひとつばしよしのぶ》を長州征討の総督に推挙していたが、老中たちは拒絶した。理由は慶喜が発言力を強めることを嫌っていたからだ。

それにしても吉之助には、幕府の姿勢がよくわからない。「長州征討を決めたのであれば、早く行動に移せばよいものを」と、幕府への不満をつのらせていた。すでに権威が失墜し、実力も失った幕府だが、吉之助は「そんな幕府のなかにも逸材《いつざい》がいる」と聞いて、逸材の一人勝海舟《かつかいしゅう》とじかに会い、話を聞いてみたくなった。

勝海舟は小禄《しょうろく》の旗本《はたもと》に生まれた。だが、黒船の来航をきっかけに、新しい時代がやってくることを見据え、勉学に励んできた。

勝と吉之助の面談は元治元年九月十一日、大坂で実現した。二人は初対面だったが、このとき、吉之助は三十八歳、勝は四十二歳である。勝は当時、幕府の軍艦奉行、神戸海軍操練所頭取《そうれんじょとうどり》の役職についていた。いろいろ話し合ったなかで、吉之助がとくに感服したのは、勝の異国船対策についてだった。

勝は以前、練習船で航海しているとき、鹿児島に立ち寄ったことがある。薩摩藩主島津斉彬《なりあきら》に会って将来のことを話し合った際、西郷吉之助の名は聞かされていた。「藩の将来を担う有望な人物」という言葉が印象に残っている。

吉之助の前で、勝は遠慮なく幕府を批判した。

「幕閣はみな無責任だな。権限も責任もあいまいになっている。正論をいえば、表向き〝ごもっとも〟といいながら、陰にまわってその者を退ける。だから諸藩の意見など聞こうともしない。西郷さん。幕府に期待したって、もうむだだよ」

幕府軍艦奉行という要職にありながら、じつに大胆なことを述べた。吉之助は、びっくりして勝の話を聞いた。

万延元年（一八六〇）、幕府使節団がアメリカ軍艦ポータハン号でアメリカへ赴《おもむ》いたとき、勝海舟は護衛艦咸臨丸《かんりんまる》の艦長としてアメリカへ渡った。だから海外事情にも通じていたし、適切に判断できた。

「いまは異国の軍艦が近海にうようよやってくる。国家の一大事だというのに幕府が内輪もめしているなど、とんでもないことだ」

さらに、勝はこう述べた。

「外国は幕府を軽蔑しているから、相手にする気はないだろう。今後は、雄藩《ゆうはん》の名君が連合して、国力を充実させていくことが重要になる。しかも、そのときどきで考え方が変わるのではなく、筋を通し、外国と交渉すべきだ。西郷さんはどう思うかな」

吉之助の胸にひびく話だった。

「ここで統一した国をつくらないと、諸外国の餌食《えじき》にされかねない。危ないぞ。幕府はもう土台のくさった古い家のようなものだろう。だから長州征討など、やっているひまはないのだ」

これまで吉之助は、薩摩第一主義のような考え方をしていた。幕府の命令があれば、長州征討にも加わる。しかし、長州征討を決めていながら幕府が動かないのはなぜだ、という思いもある。そこに勝の話を聞いて、やって納得できた。

幕府の土台が腐っているのであれば、作り直すしかないではないか。吉之助も、そのように考えるようになった。さらに自分のなかで「倒幕《とうばく》」という文字が、姿を現しはじめたのである。

坂本龍馬「船中八策」の影響

「幕府がいまのままでは、この国が危なくなる」

吉之助が危機感を強め、倒幕に傾いたのは「幕府が二度目の長州征討を決定した」と知ったとき、慶応元年（一八六五）四月のことだった。

長州問題は前年の元治元年（一八六四）十一月、平和的に解決したはずだ。

第一次長州征討のとき、幕府は前尾張《おわり》藩主徳川慶勝《とくがわよしかつ》を征長総督に任命。吉之助を参謀として、長州藩領を包囲したが、長州藩はほとんど戦闘らしい戦闘もせずに降伏した。吉之助は十月から十二月にかけて奔走し、長州藩の戦後処理について説得してまわった。こうしたことがあって、平和的に解決できたのである。

それなのに幕府は、第二次長州征討をはじめるという。吉之助は「とんでもないことだ」と思った。

元治二年（一八六五・四月七日から慶応と改元）一月十五日、第一次長州征討が終わって、吉之助は参謀の任を解かれる。そこで鹿児島へ戻った。

やがて吉之助は、まわりの人びとにすすめられ、岩山八太郎直温《いわやまはちたろうなおあつ》の次女糸子《いとこ》と結婚。糸子は二十二歳、吉之助は三十九歳だった。三度目の結婚だが、吉之助は忙しい日々をすごしていたため、新婚生活を味わっているひまはなかった。

幕府は、長州藩を徹底的に叩くことで、地に堕ちた幕府の権威を回復しようとしているのかもしれない。しかし、それで日本という国はどうなるのか。吉之助には、その幕府の考え方がわからなかった。

そこで吉之助は慶応元年（一八六五）四月二十二日、鹿児島へ出発した。藩の意見を出兵拒否までまとめるためだった。この旅には、坂本龍馬《さかもとりょうま》を同伴している。

吉之助が龍馬と会ったのは、元治元年八月のこと。吉之助が三十八歳で、龍馬は三十歳だ。このときの吉之助の印象について、のちに龍馬は友人に向かってこのように語っていた。

「西郷は大馬鹿だ。しかし、小さく叩けば小さく鳴り、大きく叩けば大きく鳴る。その馬鹿の幅がわからない」

龍馬は慶応元年五月、長崎で社中《しゃちゅう》（亀山《かめやま》社中。のちの海援隊《かいえんたい》）をつくった。これは海運会社のようなもので、その後ろ楯になったのは薩摩藩だった。龍馬は薩摩藩と長州藩の物資を船で運ぶことを請け負ったが、さらに両藩に提携の橋渡しまでしている。

翌慶応二年（一八六六）一月、薩長同盟《さっちょうどうめい》が成立したのは、その成果だった。

吉之助は武力倒幕をめざして動いている。四侯《しこう》会議は失敗したが、その後、薩摩と土佐《とさ》との盟約《めいやく》は成功した。

しかし、そうした一方、武力によらない政治革命を考える者たちもいた。土佐藩の坂本龍馬や後藤象二郎《ごとうしょうじろう》である。

慶応三年（一八六七）六月、長崎から京都へ船で向かう途中、後藤と龍馬は初面の政局をどのように打開すべきか、について話し合った。眼目は大政奉還《たいせいほうかん》ということになった。

龍馬は八項目について、具体的な国家構想を話した。船中で示したことから、のちに「船中八策《せんちゅうはっさく》」といわれた。それは、つぎのようなことだった。

一、政権を朝廷に返還し、朝廷が政治をおこなうこと。

一、朝廷政府は、上下二院制の議会をつくり、万機《ばんき》よろしく公議《こうぎ》に決すること。

一、すぐれた人材を発掘し、不要な役職を廃止すること。

一、外国と交際し、新たな条約を結ぶこと。

一、新たな大典（国家基本法）をつくること。

一、海軍を拡張すること。

一、天皇を守るための親兵《しんぺい》をおくこと。

一、為替レートを決めること。

後藤は、龍馬の国家構想をまとめ、藩議にはかった。こうして土佐藩は大政奉還を決め、龍馬や中岡慎太郎《なかおかしんたろう》の仲介で、吉之助や大久保利通《おおくぼとしみち》の協力を求めたのである。

後藤象二郎は天保九年（一八三八）生まれで、このとき三十歳。吉之助は四十一歳だった。後藤は幼少のころ、父を失い、姉の夫である吉田東洋《よしだとうよう》の薫陶《くんとう》を受けて育った。のちに江戸へ出て、開成所《かいせいじょ》（幕府立の洋学校。のち東京大学の一部）で航海術や蘭学《らんがく》、英学などを学び、藩主山内容堂《やまのうちようどう》の信任を得て、大監察《だいかんさつ》に任ぜられた逸材である。

吉之助は同意したものの、少し様子を見る必要があると思っていた。だが、後藤は十月になると、容堂に大政奉還を進言。山内容堂は、その大政奉還を将軍慶喜に建白したのである。

漏洩しなかった薩長の密約

薩摩と長州といえば、ついこのあいだまで敵味方にわかれ、対立していた。その代表が薩摩の西郷吉之助と、長州の桂小五郎《かつらこごろう》（木戸孝允《きどたかよし》）であり、二人が手を結ぶなど、考えられないことだった。

しかし、吉之助には、そうした対立が日本の立場を危ういものにする、ということが納得できるようになった。

薩長の会談は慶応二年（一八六六）一月八日から京都の薩摩藩邸ではじまった。薩摩側は西郷吉之助、小松帯刀《こまつたてわき》が中心となり、大久保利通らも加わった。長州側は桂小五郎、品川弥二郎《しながわやじろう》である。

会談の詳細はわからないが、連日、吉之助らが酒宴を開き、桂をもてなしたといわれる。具体的な和解についての話し合いは誰もふれず、だらだらと十日以上が過ぎてしまった。

「せっかく龍馬が仲介してくれるのだから、和解とか同盟のことは、龍馬が京に着いてからでよい。急いで話を持ち出し、もし失敗に終わったら藩の面目を失うことにもなる」

吉之助はそう思いながら、龍馬の到着を待っていた。

桂にしても意地があるから、肝心の話を切り出そうとはしない。先にいえば、孤立した長州が助けを求めているようなものではないか。桂も吉之助と同じように、龍馬の到着を待っていたのである。

龍馬が京の薩摩藩邸に姿を見せたのは、一月二十日のことだ。話が具体的に進んでいると思った龍馬は、なにも話し合われていないと知って、おどろいた。

「ここは本音で話し合う大事な場ですよ。胸襟《きょうきん》を開いて協議しないでどうするのですか」

たしかに龍馬のいう通りである。対立するのではなく、たがいに理解し、納得し合って力を一つにしなければ、新しい国づくりなどできるものではないのだ。

すでに幕府は第二次長州征討をすすめようとしているだけに、薩摩と幕府の関係は深刻になっている。そうした状況を考えると慎重にならざるを得ないが、あまりゆっくりできる時間はない。

龍馬に促《うなが》されて、吉之助は薩摩藩から長州藩へ同盟を申し入れる、というかたちで協議を進めることになった。こうして両藩の密約、すなわち幕府と長州藩が開戦となった場合、両藩はどうするのか、対応についての密約が結ばれた。

一月二十一日のことで、場所を薩摩藩家老小松帯刀邸に移し、坂本龍馬が立会人として出席、薩長同盟が結ばれたのである。しかし、その内容は、力を合わせてすぐにでも幕府を倒すのだ、という勇ましいものではなかった。あくまでも薩摩藩は、長州藩のために尽くす、というものだった。

この秘密の薩長同盟は、両藩の一般藩士にも秘密にされたし、幕府も気づかなかった。密約は漏洩《ろうえい》することなく、厳重に守られたのである。しかも、結果的に全国の倒幕派を集め、明治維持の原動力となった。

フランスとイギリスの策動

　薩長同盟が実現し、幕府と薩長との対立が強まったのは、慶応二年（一八六六）のことである。そのころ、諸外国は日本を有望な市場とみて、なんとか食い込もうと働きかけていた。

　とくに積極的なのは、フランスとイギリスである。

　フランスは日本の生糸《きいと》を独占しようと、幕府に肩入れした。フランス公使ロッシュは、低下している幕府の威信を取り戻すために、倒幕派の封じ込めに援助しようとした。

　これに応じたのは勘定奉行小栗忠順《おぐりただまさ》（上野介《こうずけのすけ》）である。この年の八月、徳川慶喜が十五代将軍になったが、慶喜はフランスの援助を断りつつも、フランスの兵制を採用し、幕府軍を訓練させたりした。

　慶喜はフランスかぶれといわれ、フランス語を学んだり、フランス料理を楽しみにしていたほどだが、援助を受ける気持ちにはならなかった。

　一方のイギリスは薩摩に接近した。文久三年（一八六三）、イギリスは薩摩軍と戦い、薩英戦争を起こしたというのに、その後は薩摩と親しくなった。イギリス公使パークスは慶応二年六月十七日、三隻のイギリス艦隊をひきつれて鹿児島を訪問している。

吉之助は薩摩側の責任者としてイギリス艦隊を歓迎し、十八日はパークスとも会談した。パークスはこのとき、肝心の疑問を吉之助にぶっつけた。

「条約勅許ののち、対外交渉は朝廷の手に移るのか。われわれ公使の交渉相手は公《く》卿《ぎょう》になるのか」

だれが交渉相手になるのかは、パークスだけではなく、諸外国の関心事だった。

吉之助は、こう答えている。

「公卿ということはない。朝廷が命じた五藩か六藩の諸侯が交渉を担当する、ということになるだろう。その際、万国共通の条約を結び、朝廷に兵庫港（神戸港）の関税を納めるようにする」

この時点で、吉之助は幕府にとってかわる政権構想を持っていた。それは天皇親政を表にしながら、雄藩の連合によって日本を統治していく、というものだった。

その後、イギリスは吉之助に、積極的に援助を申し出てきた。

吉之助は十二月六日、イギリスの通訳官アーネスト・サトウとも兵庫で面談している。サトウは幕府の無力ぶりを指摘し、暗に倒幕をそそのかす。さらに具体的な話をしたのである。

「軍資金や武器を提供してもよい」

しかし、吉之助はまともに取り合わず、とぼけた。

「いろいろ手を尽くしてきたが、幕府からはかえって悪く思われる。ここ二、三年は傍観《ぼうかん》するつもりです」

吉之助は結局、イギリスの支援を断った。

もしもこのとき、それぞれがフランスやイギリスの支援を受けていたら、フランスとイギリスとが対抗心に駆り立てられ、日本を舞台に英仏戦争に突入したかもしれない。そうした危機に追い込まれなかったのは、吉之助をはじめ日本の政治家には、わが国のことはわが国で解決するし、諸外国に蹂躙《じゅうりん》させてはならない、という矜持《きょうじ》があったからだろう。

四侯会議の失敗から薩土盟約へ

吉之助は、幕府を倒すことを真剣に考えていたが、慶応二年（一八六六）十二月五日、一橋慶喜が十五代将軍に就任し、幕府の力を強めようとしていた。その後、十二月二十五日には孝明天皇が急死。翌年一月九日、十六歳の睦仁《むつひと》親王が即位し、明治天皇となった。時の流れは早い。吉之助は、ぐずぐずしていられない、という気持ちを強めた。

　吉之助は、大久保とも相談して、四侯会議の構想をまとめた。これには薩摩藩から島津久光《ひさみつ》、越前《えちぜん》藩の松平春嶽《まつだいらしゅんがく》、土佐藩の山内容堂、宇和島《うわじま》藩の伊達宗城《だてむねなり》の四侯に参加してもらい、さまざまな課題を協議する、というものだった。

　吉之助は慶応三年（一八六七）二月、鹿児島に帰り、四侯合同会議の計画を藩議にかけた。同意を得ると、諸侯に面会を求め、その趣旨を説明して歩いた。

　こうして五月十四日、四侯は京に集まり、二条城《にじょうじょう》で将軍慶喜に謁見《えっけん》し、議論をはじめた。議題は、兵庫開港に関する勅許《ちょっきょ》問題、長州藩の処遇の二つだった。

　しかし、それぞれの思惑がちがっているうえに、朝廷が五月二十四日、長州藩の処遇は早々に寛大な処置をせよ、兵庫開港は許す、と決定したのである。この結果せっかく吉之助が知恵を絞った四侯会議の構想は、完全な失敗に終わった。

　吉之助はこの失敗で、平和的に政治革命をすすめるのはむずかしい、と悟《さと》った。同時に、武力で幕府を倒すしかない、と腹を括《くく》ったのである。さっそく長州藩の品川弥二郎、山県狂介《やまがたきょうすけ》（有朋《ありとも》）に面会し、武力倒幕への協力を要請した。

ただその先をどうするか、具体的な形が思い浮かばず、吉之助は考えあぐねていた。漠然と、天皇を上位に置き、その下で有力な大名が連合して中央政府をつくる、と考えていただけである。

五月二十一日には、吉之助と小松帯刀が京で、土佐藩の板垣退助《いたがきたいすけ》、中岡慎太郎と会見し、倒幕挙兵を密約した。吉之助が四十一歳で最年長で、同じ薩摩藩の小松帯刀が三十三歳、土佐藩は板垣退助が三十一歳、中岡慎太郎三十歳、毛利恭介《もうりきょうすけ》三十四歳と、いずれも若い。

土佐藩は、前藩主山内容堂が主導し、公武合体路線を推進していた。そのなかで独自の路線を歩んでいたのが海援隊の坂本龍馬、陸援隊《りくえんたい》の中岡慎太郎である。板垣退助は公武合体路線に満足できず、中岡を介して薩摩藩に接近し、武力倒幕で挙兵する盟約へとこぎつけたのだ。

大政奉還と武力倒幕

慶応三年（一八六七）九月六日のことである。島津久光の四男、珍彦《うずひこ》が千人余の薩摩藩兵をひきいて大坂に着いた。武力倒幕を決定路線として、好機が訪れたとき、すぐ挙兵するためである。

まもなく後藤象二郎は吉之助を訪れ、大政奉還の建白書を提出するので、挙兵を待ってほしい、と説得した。せっかく大政奉還の建白書を準備しているのに、提出する前に挙兵されたのではぶちこわしになる。吉之助は「京都の情勢は変化している。薩摩藩は二十日までに挙兵倒幕を実行する」として拒否したため、薩土盟約が破棄された。しかし、その後、吉之助は挙兵をのばした。

その一方、薩摩藩は長州藩、芸州《げいしゅう》藩との挙兵倒幕のための共同出兵を計画、いずれも盟約を結んだ。とはいえ、なかには慎重派もいた。そこで後藤象二郎は薩摩藩や芸州藩を説得してまわった。こうして十月三日、大政奉還の建白書を老中板倉《いたくら》勝静《かつきよ》に提出したのである。

武力倒幕をめざす吉之助や大久保は、もし大政奉還が行なわれ、新しい朝廷政府が樹立されると、武力倒幕の機会が遠のく、と判断。岩倉具視《いわくらともみ》を通じて、倒幕を命じる天皇の勅書《ちょくしょ》を要請していた。

岩倉の側近、国学者の玉松真弘《たままつまひろ》が倒幕の密勅《みっちょく》の草稿を作成。十月十三日に薩摩藩、十四日に長州藩に出された。

武力倒幕の動き

◉薩摩藩

西郷吉之助（隆盛）
大久保利通
小松帯刀

◉長州藩

木戸孝允
広沢真臣

◉公家

岩倉具視を通じて倒幕を命じる天皇の勅書を要請
（10月13日、倒幕の密勅）

↓

◉薩摩・長州

倒幕の準備を進める

大政奉還への同意を求める。一時は拒否されるが、再度の説得で同意

大政奉還の動き

◉将軍

徳川慶喜
（10月14日　大政奉還
10月24日　将軍を辞職）

↓

10月15日　天皇は奏上を勅許
（大政奉還なる）

◉土佐藩

山内容堂
後藤象二郎

◉芸州藩

（大政奉還への同意を求める）

◉老中

板倉勝静
（10月3日　大政奉還の建白書提出）

二つの流れがからみあいながら、大政奉還がなり、一方では倒幕の準備が進む

将軍慶喜は十日、老中以下の役人を二条城に召集し、大政を奉還すると伝え、つぎのように語った。

「政権は天下を安泰に治めるためのものであり、徳川家が独占すべきものではない」

翌十三日には在京の諸藩重役を同じように二条城に集め、同じ決意を述べている。

慶喜はその日の夜、オランダ留学を経験している西周《にしあまね》を呼び、ヨーロッパの政治制度について訊ねた。大政奉還をしたのち、政治の仕組みをどうするか、参考にしようとしたのである。慶喜はこのように準備をしたうえで、十月十四日、朝廷に大政奉還をした。その上奏文《じょうそうぶん》のなかでこう述べた。

「従来の旧習を改め、政権を朝廷に返上して、広く天下の公議を尽くし、同心協力、ともに皇国を保護していくならば、必ず海外万国と並び立つにちがいない」

大政を奉還したのちも、みずから公議政体の新政権に参与する意欲をにじませていた。

先にも述べたように、十月十三日に薩摩藩に、十四日には長州藩にたいして倒幕の密勅が出ているのだ。妙なことだが、それを実行し、幕府を討たなくても、将軍慶喜が「政権を返上する」と、申し出てきたのである。これは「幕府を消滅させる」のと同じことだった。

あわてたのは、倒幕派の公卿たちである。薩摩と長州に、それぞれ「挙兵をしばらく待て」と伝えた。

しかし、政権を返上されても、朝廷には政権を運営する組織もないし、力もない。そこで「返上されても困る」といい出す公卿もいた。それでも朝廷は覚悟したのか、翌十月十五日、将軍慶喜に大政奉還を承認した。

さらに慶喜は十月二十四日、将軍職の辞表を出す。朝廷は二十六日、慶喜に「しばらく見合わせるように」との沙汰《さた》があった。倒幕派は、こうした動きに反発し、倒幕の準備を進めたのである。

吉之助はじめ、倒幕派は倒幕の密勅を得て、いまにも目的を達成することができる、と思った。だが、将軍慶喜が大政奉還を行なったため、出端《ではな》を折られた恰好となった。

吉之助は、やむなく鹿児島へ戻っていく。吉之助がなすべきことは一つ。藩論を倒幕でまとめ、藩主忠義《ただよし》が挙兵し、京をめざすことだった。そのために吉之助は説得した。

藩主忠義は、慶応三年（一八六七）十一月十三日、三千人の藩兵をしたがえ、四隻の軍艦に分乗し、鹿児島を出発した。途中、吉之助や大久保らは、長州に立ち寄り、出兵の際、どの位置につくかなどを話し合い、大坂へ向かった。

そのころ、京では坂本龍馬が暗殺されるという事件が起こり、騒然としていた。十一月十五日、近江屋《おうみや》で中岡慎太郎と会談中、何者かの襲撃を受け、龍馬はその場で斬殺《ざんさつ》され、中岡は二日後に息絶えた。

一方、長州藩からも薩摩藩に呼応するようにして、七百人の藩兵が大坂へ向かった。

吉之助と大久保は、長州の品川弥二郎との会談を重ね、さらに岩倉具視とも密議を重ね、王政復古《おうせいふっこ》の大号令を発令することを決めた。

吉之助は十二月九日、薩摩の藩兵を指揮し、御所の門を警護した。同じように尾張、福井、土佐、広島の藩兵たちも警備につく。そのなかで王政復古の大号令が発せられ、総裁、議定、参与の三職を決め、新政権が樹立されたのである。

第五章　生涯たった一度の面談

西郷が挑発した御用盗事件

武力倒幕をあきらめきれない西郷吉之助《さいごうきちのすけ》は、慶応三年（一八六七）十月、腹心《ふくしん》の薩摩《さつま》藩士益満休之助《ますみつきゅうのすけ》と伊牟田尚平《いむたしょうへい》を江戸へ送った。密命《みつめい》を与えてのことである。益満は、薩摩藩の協力者相楽総三《さがらそうぞう》を同行していた。相楽は各地の志士と親しく、広い人脈を持っている。益満と相楽とが組んでいるといえば、なにか企《くわだ》てているように思えるが、案の定だった。

江戸の薩摩藩邸に着いたあと、吉之助の指令を受けた益満や相楽はさっそく行動を起こし、五百人ほどの浪士《ろうし》を集めた。浪士たちが命じられたのは、江戸の豪商を襲い、治安を攪乱《かくらん》することである。

「薩摩藩士である。倒幕の御用金《ごようきん》を借りたい。三千両を出せ」

浪士風の男たちが二、三十人の群れをなして豪商へ押し入り、刀を突きつけて脅す。多いときには五千両、九千両という大金を奪っていく。江戸では十月下旬から十二月にかけて、こうした御用盗《ごようとう》事件がつづいて起きた。

事件は、噂になって市中に広まる。なかには「倒幕の御用金」といえば、容易に大金をつかむことができると知って、真似をする連中が出てきたほどだ。

この事件を仕組んだのは、吉之助である。将軍慶喜《よしのぶ》が大政奉還《たいせいほうかん》をしたことで、吉之助は武力倒幕の口実を失ってしまった。そこで、なんとか騒乱状態をつくり出し、幕府を挑発して武力抗争に巻き込もうとしたのである。掠奪《りゃくだつ》や放火などをくり返す。江戸市中だけでなく、関東各地の豪商を襲い、掠奪や放火をつづけた。

やがて御用盗の一味が薩摩藩邸に出入りするのが目撃され、その背後に薩摩藩がいることが知られるようになった。真似をする浪士が多いのに、世間ではすべての事件を薩摩藩邸をねじろにする浪士たちの仕業《しわざ》と思い込んだ。江戸の治安は乱れるし、人びとは不安に駆られて動揺する。当然のことだが、幕府の権威は地に堕ち、諸藩の無力ぶりも目立つようになった。

京では将軍慶喜が大政奉還をしたというのに、武力倒幕派と公武合体派《こうぶがったい》との対立は解消されることがない。十二月九日、薩摩など倒幕派によって王政復古《おうせいふっこ》のクーデターが断行されたものの、慶喜の処分をめぐって主導権争いがつづいていた。

なにしろ慶喜は四百万石の領地を持っている。これを召し上げなければ、新しい政権をつくるにしても、財政の目処《めど》がたたない。だから慶喜の辞官納地《じかんのうち》（官位と領地を返上すること）を決めたものの、慶喜はそれを確約しなかった。

そのころ、江戸では不穏な噂が流れていた。

「大風の日、薩摩藩邸の浪士たちが江戸市中に火を放つ。そのどさくさにまぎれて江戸城に侵入し、和宮《かずのみや》（十四代将軍家茂《いえもち》の夫人）と天璋院《てんしょういん》（篤姫《あつひめ》。十三代将軍家《いえ》定《さだ》の夫人）を連れ出して、薩摩に移すそうだ」

これは噂にすぎなかったが、十二月には放火があいつぎ、十二月二十三日には、天璋院が住む江戸城二の丸が炎上した。このときにも「薩摩の放火だ」という流言《りゅうげん》が飛び交った。

二の丸が炎上した夜、薩摩藩邸の浪士たちが江戸市中を警備していた庄内《しょうない》藩屯所《とんしょ》に発砲するという事件があった。庄内藩を挑発したのである。

ところが十二月二十五日未明には、薩摩藩邸が襲撃された。

それまで幕府側は、薩摩を刺激しないよう、慎重に対処してきた。しかし、庄内藩屯所への発砲には、さすがに我慢できなかったのだろう。勘定奉行の小栗忠順《おぐりただまさ》（上野介《こうずけのすけ》）が薩摩藩邸への襲撃を命じたのである。

「薩摩は奸賊《かんぞく》である。すみやかに討つべきだ」

約千人の庄内藩を中心に、前橋《まえばし》藩など五藩の兵を加え、総勢二千人で薩摩藩邸を取り囲んだ。

庄内藩の要求は、屯所に発砲した犯人の引き渡しだが、いくら申し入れても薩摩藩は知らぬ存ぜぬの態度を取りつづけた。いらだった庄内藩の兵がやむなく発砲する。それをきっかけに幕府軍も一斉に砲撃し、屋敷を焼き払ってしまった。

薩摩藩邸からは百五十人ほどが飛び出し、激しい斬り合いになる。薩摩側は五十人ほどが斬り殺され、益満休之助ら捕らえられた者も多い。

相楽総三や伊牟田尚平ら三十人ほどは、品川沖に停泊中の藩船に乗り込み、薩摩へ退去した。

京にいた吉之助は、その報《しら》せを聞くと、こういって喜んだ。

「これでいよいよ武力倒幕ができる」

篤姫の覚悟

篤姫は、かつて家茂の遺言を尊重して、田安亀之助《たやすかめのすけ》(のち十六代家達《いえさと》)を十五代将軍候補に推《お》したことがある。だが、和宮は亀之助は幼すぎるし、難局を乗り切るにはむずかしい、などと反対したため、慶喜に決定したいきさつがあった。

そうした一方、政局が混乱してくる。吉之助をはじめ薩摩藩は武力倒幕という立場だが、薩摩からすれば、篤姫が幕府の人質になっているように見える。そのため、「薩摩に返してほしい」と、いくどとなく願い出たほどだ。

慶応三年（一八六七）の暮れ、鳥羽伏見《とばふしみ》の戦いがはじまる少し前のことだが、年寄滝山《たきやま》が篤姫のもとにやってきて、こう伝えた。

薩摩藩の使者が訪れ、「篤姫さまのおん身柄を、当家にお引き取りいたしたい」といっている。滝山のことばを聞いて、篤姫は「とんでもない」とばかりに顔色を変え、きびしい口調で滝山に語った。

「女が一旦嫁《か》したからには、その嫁《とつ》ぎ先が終焉《しゅうえん》の地となる。たとえ、実家と婚家が戦火を交えることになったとしても、それは変わらぬ。これが女の道というものではないか」

「徳川家はいま、危急存亡《ききゅうそんぼう》のときである。わたしは、ひたすらお家を守らなければならぬ。わたしが大奥を離れたら、誰が大奥を守るのか。わたしは、ここでお家の名誉と大勢の大奥の女たちを死守するつもりじゃ」

篤姫は滝山に、そのことばをまちがいなく使者に伝えよ、と命じた。一歩もゆずれない、というおごそかな態度だった。

さらに、念を押した。「薩摩がどうしてもわたしを連れていく、というのであれば、わたしはこの場で自害《じがい》する」とまでいいきったのである。

この篤姫の覚悟のことばは、あっというまに大奥にとどまらず、城内に広く伝わっていった。不安ばかりで、確たる先行きが見えない。篤姫の覚悟のことばが動揺する城内の男や女たちの気持ちを鼓舞《こぶ》したのではないだろうか。

吉之助は、京の薩摩藩邸で指揮をとっていた。むろん、薩摩の藩兵たちは京の周辺に布陣中だ。

翌慶応四年（一八六八）正月二日、幕府軍は一万五千の大軍を大坂城から進発させ、京へ向かった。

江戸城にいる篤姫にはなにもできない。時折、伝えられる事のなりゆきに耳をそばだてながら見守るしかなかった。

戦端を開いた一発の砲弾

政局が大きく揺れ動くなか、慶応四年（一八六八。九月八日、明治と改元）の元日を迎えた。この日、参与《さんよ》の中根雪江《なかねゆきえ》は松平慶永《まつだいらよしなが》の意を受けて、岩倉具視《いわくらともみ》と会談したが、岩倉が述べたのは、つぎのようなことだった。

「薩長の武力倒幕には反対だ。事態の収拾を図《はか》るには、慶喜が上京し、辞官と納地のことを奏上《そうじょう》してもらいたい。そうすれば慶喜をただちに議定《ぎじょう》に任ずる」

岩倉は武力で争うのではなく、話し合いによって徳川と薩摩が和解してほしいと思っていた。慶喜自らが参内《さんだい》し、官を辞したうえで、領地を返上すると、じかに奏上すればよかったのだ。あとは納地の代わりに、政府経費を石高《こくだか》に応じて諸藩に割当て、慶喜もそれを納める、という現実的な方法があったのである。慶喜があと数日、自重《じちょう》していれば、平和裡《り》に慶喜の望みもかなえられたはずだった。

しかし、慶喜は、すでに出兵の決意をかためていたのである。

江戸三田《みた》の薩摩藩邸を焼討ちにしたのは、昨年十二月二十五日。その報せは三日後、大坂城の慶喜に届いていた。大坂城内は興奮し、「ただちに薩摩を討ち、幕府勢力を回復すべきだ」との声が高まった。吉之助らの挑発に乗せられた、といってよい。

新政府内では、必ずしも慶喜を非難するばかりでなく、擁護する動きもあったのだ。少なくとも新政府内に慶喜の受け皿が用意されていた。

慶喜は、それを知らず、「討薩の表」を朝廷に提出したのである。そこには「十二月九日の政変以来の事態は、薩摩の奸臣《かんしん》の陰謀によるもの」として、つぎのように記していた。

「この奸臣を引き渡すよう、命令していただきたい。もし、朝廷からの御沙汰《おさた》がなければ、やむをえず誅戮《ちゅうりく》を加える」

さらに慶喜は、諸藩にもこれを伝え、「大義によって奸臣を討つ」と、出兵を命じた。

京の新政府は、薩摩の陰謀によってつくられたものであり、絶対に認めたくない。これが慶喜の本心だったようだ。

「兵を挙げよ。薩摩を討つのだ」

慶喜は決断する。

一月二日、幕府軍は大坂城を出発し、京をめざして進軍していく。狙いは一万五千の軍勢で京を占拠し、薩長を排除することだった。

西郷吉之助は、京の薩摩藩邸で指揮をとっている。幕府軍の動きを知ると、その日の夜のうちに兵を移動させた。京南部の鳥羽方面は薩摩の藩兵を中心に、伏見方面は長州藩兵を主力に、守備を固めた。

翌三日朝、両軍はにらみあうかたちになったが、夕方には突如、鳥羽街道で一発の砲弾が炸裂したのだ。その少し前、いざこざが起きている。

鳥羽方面では、幕府軍が「徳川慶喜が入京するので、その警固のために先駆部隊が通行する」と、薩摩軍に伝えた。しかし、薩摩軍は「朝廷に問い合わせるので待て」と、行く手をさえぎる。このため、「通せ」「通せない」と、押問答《おしもんどう》がつづいた。

さらに、着いたばかりの鳥羽藩兵にたいして、薩摩藩兵が「待て」と、さえぎったため、押問答がくり返される。そのさなかに薩摩藩から一発の大砲が撃ち込まれた。おどろいたのは幕府軍だが、やがて激しい撃ち合いとなり、鳥羽伏見の戦いがはじまった。

吉之助は開戦の報せを聞き、喜んだという。

「鳥羽での一発の砲撃は、百万の味方を得たよりうれしい」

戦いは一進一退がつづく。数のうえでは幕府軍が優勢だったが、兵器は火縄銃が主力で劣っている。しかし、薩摩や長州は最新式の小銃だし、大砲も多い。幕府軍の新選組が斬り込んだものの、銃撃にはかなわない。薩長軍が圧倒していた。

御所では勝敗がわからないのに、公卿《くぎょう》や女官たちは逃げ腰だった。

この戦いに敗れたら天皇を奉じて京を脱出する、と考えていたほど劣勢だったのである。ところが、四日になると、朝廷が仁和寺宮嘉彰《にんなじのみやよしあきら》親王を征討大将軍に任命し、錦《にしき》の御旗《みはた》をあたえた。

この結果、正式に幕府軍は賊軍で、薩摩や長州など倒幕軍は官軍ということになった。錦の御旗は大きな威力を発揮したが、これはあらかじめ岩倉具視が薩摩の大《おお》久保利通《くぼとしみち》、長州の品川弥二郎《しながわやじろう》に用意させておいたもので、当日、使用が許された。

鳥羽伏見の戦いは六日に終わったが、幕府軍は敗走。徳川慶喜は八日、大坂城を脱出し、幕府の軍艦で江戸へ逃れた。

山岡鉄舟との駿府会談

西郷吉之助は、東征軍参謀長になった。

朝廷は、慶応四年（一八六八。九月八日、明治に改元）一月七日、徳川慶喜が江戸へ逃れてまもないのに、慶喜討伐令を出した。

「江戸城へ進撃し、徳川慶喜を討て」

すぐさま五万人の東征軍が編制され、吉之助が参謀長に任じられたのである。大総督には、有栖川宮熾仁《ありすがわのみやたるひと》親王がついた。

進路は東海道、東山道、北陸道の三方面が決定し、二月十五日、五万人の東征軍が京を進発、江戸をめざした。駿府《すんぷ》城（静岡市）に着くと、ここを司令部として攻撃の方針などを検討した。江戸城総攻撃の日は、三月十五日と決まった。

三月九日、吉之助が駿府の旅館で、部下とともに戦略を考えていた。そこに山岡《やまおか》鉄舟《てっしゅう》（鉄太郎《てつたろう》）が、勝海舟《かつかいしゅう》の手紙を持ち、面会を求めてきた。

鉄舟は天保七年（一八三六）、江戸生まれの幕臣《ばくしん》である。吉之助より九歳若い。六尺（約百八十二センチ）豊かな偉丈夫《いじょうぶ》である。北辰一刀流《ほくしんいっとうりゅう》を学び、武術を己のものにしていた。

「官軍が江戸を攻撃すれば、大惨事になるのはまちがいない。西郷さん、そのことを察してくれ」

勝の手紙には、そのようなことが書かれていた。しかし、「徳川家を助けてほしい」などとは書いていない。鉄舟は、上野寛永寺《うえのかんえいじ》に謹慎中《きんしんちゅう》の慶喜に呼ばれ、胸のうちを聞いた。

「恭順《きょうじゅん》謹慎を貫いているのは、ひとえに天下泰平を祈るためである。その誠意を官軍に伝えてもらいたいのだ」

鉄舟は慶喜の気持ちを述べ、吉之助に「どうか寛大なご処置を願いたい」と、頼み込んだ。

吉之助は、鉄舟から詳しい状況を聞き、理解することができた。「わかりました。少しお待ちいただきたい」といい、別室へ引き上げた。参謀会議を開いて検討し、大総督の承認を得るためだった。話し合いの結論は、つぎのようなものだった。

「慶喜を備前《びぜん》藩に預けること」

「江戸城を明け渡すこと」

「すべての兵器や軍艦を引き渡すこと」

「城内の家臣は向島《むこうじま》に移り、謹慎すること」

「慶喜の暴挙を助けた人物を厳しく処罰すること」

「暴発の徒《と》が手に余るときは、官軍が鎮圧すること」

吉之助は、鉄舟が待つ部屋に戻ると、その条件を提示し、「これを実行すれば徳川家の存続は寛大に処置する」と、つけ加えた。

山岡はほとんどの条件を承知したものの、慶喜を備前に預けるということについては、猛烈に反対したのである。吉之助は「すべてを実行せよ」といってゆずらなかった。

「あなたがもし、わたしの立場なら、主君のそのような処置に納得できますか。主君を差し出すことができますか」

山岡はやわらかい口調でいったが、主君を思う熱い情が吉之助にひしひしと伝わってくる。吉之助は、じっと考え込む。当時の状況からして、慶喜を他家に預けないなど、できることではなかった。しかし、こう答えた。

「わかった。慶喜公のことは、わたしが引き受けよう。ご心配におよばぬ」

山岡は、江戸城で勝海舟らに報告した。

大奥が届けた嘆願書

西郷吉之助は、慶応四年（一八六八）三月十五日と決まった江戸城総攻撃を前にして江戸三田の薩摩藩邸にいた。

一方、徳川慶喜は鳥羽伏見の戦いで敗れ、江戸へ逃げ帰った。慶応四年一月十二日未明、芝《しば》の浜御殿《はまごてん》に上陸すると、騎馬で江戸城へ戻り、西の丸へ入った。当時の江戸城には本丸も二の丸もなかったのである。

西の丸は文久三年（一八六三）六月、火災で全焼。その年、西の丸は仮御殿が再建されたものの、同年十一月、江戸城はふたたび火災に見舞われ、本丸と二の丸が焼け落ちてしまった。

その後、本丸と二の丸の再建が検討されたが、混乱がつづくきびしい時期であり、経済的に余裕がない。そのため、再建話は頓挫《とんざ》し、本丸は幕府終焉の日まで、再建されずじまいだった。

慶喜は凱旋《がいせん》したのではなく、幕府の将兵を大坂に残したまま、江戸へ逃げ帰ってきたと知って、江戸城表向《おもてむき》は動揺した。大奥の女中たちも、当然ながら不安に駆られて大騒ぎになった。

「これから、どうなるのだろうか」

篤姫はちがっていた。慶喜の腑甲斐《ふがい》なさに怒りを覚えた。

しかし、慶喜にしてみれば、もはや篤姫しか頼るべき人はいない。さっそく篤姫に面会を求めたのだが、篤姫は「顔もみたくない」と拒絶する。それでも慶喜はあきらめず、面会を申し込む。篤姫が拒《こば》んでも、また面会を求めてくる。篤姫は、やむなく面会し、話を聞くことにした。

慶喜は、鳥羽伏見での戦いのことや朝敵《ちょうてき》の汚名を蒙《こうむ》った顚末《てんまつ》を話した。突如、戦場に錦の御旗が掲げられては、手向かうことができない。慶喜は「あれは薩摩の奸計《かんけい》だ」と語った。そして篤姫に「なんとか朝廷へとりなしを」と頼んだのである。

薩摩が卑劣な手段を弄《ろう》したのか。それにまったく知らないうちに、自分たちが朝敵にされてしまうとは。心外なことであり、愕然《がくぜん》とするしかなかった。

「あの吉之助が指図《さしず》したことなのか」

篤姫は、そうした事情を聞いた以上、じっとしていられなかった。さっそく和宮に頼み込み、朝廷への使者を送ることにしたのである。朝廷への要望は「慶喜を赦《しゃ》免《めん》してほしい」「そのうえで田安亀之助を当主として家名を存続させてほしい」との二点だった。

和宮は、上臈《じょうろう》御年寄の土御門藤子《つちみかどふじこ》を名代《みょうだい》として、東下中の鎮撫《ちんぶ》総督橋本実梁《はしもとさねやな》に、自筆の書状と慶喜の謝罪嘆願書を届けることにした。実梁の父実麗《さねあきら》は和宮の亡き生母の兄にあたる。

藤子一行は、ほかに中年寄など大奥女中が十五人、御広敷《おひろしき》から三十六人の武士が護衛として随行した。街道には将兵の姿が多く、途中、いくども官軍に行く手を妨げられたが、それをくぐり抜けて先を急ぐ。こうして伊勢桑名《いせくわな》(三重県桑名市)に滞在していた橋本実梁に面会し、書状を手渡すことができたのである。

さらに藤子は、京へ足をのばし、議定長谷《はせ》信篤《のぶあつ》にも和宮からの嘆願を伝えた。

そうした一方、篤姫も同じ規模の使者を派遣。篤姫の嘆願書は、東海道筋で、西郷吉之助に届けられた。こうした嘆願書が功を奏し、徳川家への方針が軟化したのである。

勝海舟との会談で

吉之助は慶応四年（一八六八）三月十四日、芝田町（現・港区三田三）の薩摩藩蔵屋敷で、旧幕府陸軍総裁勝海舟と面談した。現在、その地はＪＲ田町駅の北東に位置するが、当時は江戸湾に面していた。西郷吉之助（隆盛《たかもり》）と勝海舟とが会見した場所であったことを示す記念碑が立つ。

この蔵屋敷の北側に東海道がのび、その東海道を越えたところは薩摩藩上屋敷があった。慶応三年十二月二十五日、旧幕府軍に焼き打ちにされ、屋敷は半分ほどが焼けてしまっていた。

すでに三月十二日、勝は吉之助にたいして、面談を申し込む書状を使者に届けさせていた。吉之助が勝と初めて会ったのは四年前の秋、大坂でだった。だからさほど緊張感はない。勝は和平会談をするため徳川慶喜の使者として出向いてきたのである。

二人は三月十三日、半分焼け残った薩摩藩上屋敷で顔を合わせ、挨拶しただけだが、本格的な話し合いについては、翌十四日ということになった。

「なんとしても、江戸を戦火から守りたい」

これが勝の本心である。しかし、幕臣のなかには、官軍を江戸に迎えて最後まで戦うべきだ、と主張する者もいた。勝は戦火を避けたい、と思うものの、官軍が攻撃してくるのであれば、江戸市中に火を放ち、官軍が進路に迷っている隙《すき》を狙って反撃する、ということも考えていた。

勝は、あくまでも平和裡《り》にことを収めたいとして、幕府側の降伏条件をまとめた嘆願書を吉之助に提出した。それは、先に吉之助が山岡鉄舟へ提示した条件に、類似するものだった。それには、つぎのようなことが列記してある。
一、徳川慶喜は故郷の水戸で謹慎すること。
一、江戸城の明け渡し手続きがすみしだい、田安家へ預けること。
一、武器、軍艦はまとめておき、寛大な処置が下されたあと、引き渡すこと。
一、城内に居住の者は、城外へ移り、慎むこと。
一、慶喜を助けた諸侯は、寛大な処置をしてもらいたいこと。命にかかわる処分者は出さないこと。
一、士民が暴発したときには、官軍で鎮圧すること。

勝は嘆願書の内容を自らのことばで語り、「明日の総攻撃はぜひとも中止していただきたい」といって頭を下げた。

むろん、吉之助とて無益な血を流すことを望んでいるわけではない。

「わかりました。明日の総攻撃は中止にしましょう。嘆願書のことは、一存ではできません。さっそく駿府に赴《おもむ》き、総督宮に申し上げて判断を仰ぎます」

だが、吉之助は強硬に武力倒幕を主張し、一か月ほど前までは「慶喜を死罪にせよ」といっていたほどだ。それなのに、江戸城総攻撃を中止するなど、すっかり態度を変えてしまった。

篤姫や和宮が吉之助に嘆願書を届けたが、それが功を奏したともいえる。しかし、徳川家への方針が軟化したのはそれだけではない。山岡鉄舟や勝海舟に面談し、その意見や態度に感銘した、ということもあった。

さらに、横浜にいたイギリス駐日公使パークスの影響も大きい。パークスは、こう述べていた。

「降伏している将軍徳川慶喜を攻撃するのは、人道上許せない」

江戸城総攻撃のことを聞き、激怒した、というのである。吉之助は、事前にこのパークスのことばを伝え聞き、大きな衝撃を受けたのだ。多くの人びとの「江戸を焦土《しょうど》にしてはいけない」「江戸市民を巻きぞえにしてはいけない」といった意見が、吉之助を動かした。

徳川慶喜の処分をきびしくして、古い秩序を一度に壊してしまうのは、やってやれないことはない。しかし、それでは大勢の人びとの反発が大きくなる。実際、各地で一揆《いっき》や打ちこわしが多発し、不安が広がっていた。それはまた官軍をも脅《おびや》かしていたのだ。

人びとの反発が大きくなれば、新政府の舵取《かじと》りがむずかしくなる。吉之助はそうしたことを考え、古い秩序の象徴である慶喜について寛大な処分としたのである。

吉之助は勝に会ったあと、さっそく駿府に使者を出し、江戸城総攻撃を中止させた。その一方、吉之助自らが駿府の司令部へ赴き、つづいて慶喜の処分について朝議にはかり、了承してもらうため、京へ向かった。

吉之助は体が大きい。普通の駕籠《かご》ではきゅうくつだし、江戸→駿府→京と往来するのに不都合だ。そこで力士から譲ってもらった大型の駕籠を利用したという。

こうして四月四日、勅使《ちょくし》一行が江戸城に入って朝命《ちょうめい》を伝え、十一日には江戸城が明け渡された。一方、徳川慶喜はこの日の朝、上野寛永寺を出て、水戸へ向かった。

西の丸へ移る

篤姫は、お酒が好きだった。

大奥の就寝は、将軍が大奥で泊まることがなければ、一般的に夜五つ半（午後九時）だが、篤姫はその前に、女中に命じて酒肴《しゅこう》を運ばせ、ゆっくりと酒を楽しむ。この習慣がいつごろからはじまったのかはっきりしないが、当初は周囲への遠慮もあって、ひとり静かに飲んでいたらしい。

しかし、酒はひとりで飲むより、相手がいたほうが旨《うま》いし、楽しい。やがて篤姫は女中にも酒をすすめ、たあいのない話を聞き、楽しげに酒を飲んだ。

酒のせいか、よく眠れる。朝になると、大奥では御三《ごさん》の間《ま》という雑用係の女中が声をかける。

「六つ半時《どき》（午前七時）、御目覚《おめざ》め、おめでとうございます」

ところが、慶応三年（一八六八）十二月二十三日の朝は、御三の間が声をかける以前に、江戸城二の丸で出火し、大騒ぎとなった。火が出たのは七つ半（午前五時）だったので、まだ寒い。

火の元は長局《ながつぼね》（奥女中の共同居住区）の御膳所《ごぜんしょ》あたりというから、朝食を準備するために火を使っていて、そのさなかの失火とも考えられる。朝四つ（午前十時ごろ）に鎮火したというが、出火当時は避難しなければならず、混乱した。

二の丸には、篤姫（天璋院。十三代将軍家定の正室）だけでなく、本寿院（家定の生母）、実成院（十四代将軍家茂の生母）が住んでいた。それだけに女中の数が多い。大勢の女たちが火災から逃れ、三の丸に避難した。

三の丸といっても建物はすでに撤去されており、火災の当時は広場になっていたらしい。

篤姫は五人の年寄をはじめ、中年寄三人、中臈頭《ちゅうろうがしら》など、多くの女中たちに守られて避難した。まもなく三の丸から吹上《ふきあげ》の滝見茶屋《たきみじゃや》へ移動したが、人数の割にはせまく、そこからさらに西の丸へ移った。

西の丸も数年前に焼失しており、元治元年に再建されたばかりである。それも粗末な普請《ふしん》だった。その一方、本格的な西の丸の建築が進められていた。

西の丸に住んでいたのは、和宮（十四代将軍家茂の正室）、一条美賀子《いちじょうみかこ》（十五代将軍慶喜の正室）である。篤姫らがそこに割り込むかたちになった。しかし、火災後の非常時だというので、幕府は、あえて和宮、篤姫、一条美賀子、本寿院、実成院と序列を決め、混乱を避けようとした。

じつは篤姫は夫の家定が世を去ったあと、西の丸に移っていた。そのあとに入輿した和宮が本丸に入ることになっていたからだ。しかし、和宮は京育ちであり、将軍御台所としてし大奥を取り仕切っていく経験もないし、力もない。

ましして、武家の習慣などほとんど理解できない。そこで、西の丸にいる篤姫に本丸に戻り、大御台所として腕を振るうよう期待されたのである。

ところが、本丸の大奥で働いている篤姫のもとに、表から連絡がきた。

「焼け落ちた西の丸は、十一月に再建されます。それ以前、十月には仮建てが再建されるので、出来次第、そちらにお移りいただきたく」

ふつう大奥内部のことについては、表からの指図はうけないことになっていた。それなのに、あえて「西の丸へ」といってきたのは、和宮と篤姫とが同じ本丸に居住するのは不都合と判断したからだった。

篤姫が迎えた大奥立退きの日

江戸城総攻撃は中止となったが、江戸城の開城は避けられない。立退《たちの》きが四月十一日と決まると、四月八日には大総督府から徳川家へ、江戸城明け渡しの沙汰《さた》があった。大奥にも「立ち退くように」といい渡された。問題なのは、大奥の女たちの行く先である。女たちが協議して決めるといっても無理な話だ。そこで老中、若年寄が協議を重ね、行く先をつぎのように決めた。和宮（静寛院《せいかんいん》）と家茂の生母実成院（おみさの方）を田安家へ、篤姫（天璋院）と本寿院（お美津の方）を一橋家へ、一橋家にいた美賀子を小石川《こいしかわ》の梅屋敷（水戸藩別邸）へ移す、ということになったのである。

最後まで大奥を守る、といっていた篤姫は、立退きの話を聞いても、納得できないといって動こうとしなかった。

「謹慎中の慶喜公は、まだなんの沙汰もないのに、水戸へ発たれた。思し召《おぼめ》しあってのことと思うが、その先途《せんど》も見とどけずに城を明け渡すとは、なにごとぞ」

もっともな言い分である。老中たちは篤姫の扱いに困り果て、御用人の岩佐摂津《いわさせっつの》守《かみ》に説得役を押しつけた。だが、正攻法では説得できないと思い、騙《だま》すことにした。

「まことに恐れ入りますが、三日間だけでもお立ち退きいただければ……これなら朝廷の御旨意《ごしい》にかないます」

篤姫はそのことば通りに受け取り、「三日間でよければ」といって承知した。篤姫付の女中たちは、引越しの準備を二日間でしなければならず、たいそうあわてた。

さっそく五菜《ごさい》（下男《しもおとこ》）を実家にやって、母や妹を呼び寄せる。自分の所持品の荷づくりを手伝わせるためである。衣類や調度品などを長持《ながもち》に詰め込み、荷札をつけて送り出す。大さわぎだった。

篤姫は「三日間立ち退くだけではないか」といって、着替えの着物や化粧道具などを用意しただけである。自分のことより、大奥を飾りたてたい、という気持ちが強い。

「やがて薩長の大将がわが物顔で城に入ってくるだろう。その軽輩《けいはい》どもに、徳川の御威光を見せつけてくれよう」

江戸城大奥といっても、このとき、本丸や二の丸は焼失したままで、残っているのは西の丸だけだった。むろん、立派な西の丸大奥もある。

篤姫は大奥の御休息の間、御座の間、御対面所などに、雪舟《せっしゅう》や狩野探幽《かのうたんゆう》の三幅《さんぷく》対《つい》の軸、金銀製の鶴亀、金銀製の葉に珊瑚《さんご》八分（約二・二センチ）玉の実十三個をつけた万年青《おもと》の鉢を、壁や床の間、違い棚に飾ったのである。いずれも見事な美術品であり、工芸品だった。

しかし、それも大奥に数百人の女たちが住み、華やかであればこそ目立つ。人気がなくなると、いくらすぐれた品々といっても淋しく見える。すでに女たちの姿はないし、残っていたのは三、四十人の御広敷《おひろしき》役人だけである。

四月十一日、大奥へ役人がやってきた。目付《めつけ》の牧野綱太郎《まきのこうたろう》、浅野伝一郎《あさのでんいちろう》が江戸城を受け取りにきた尾張《おわり》藩の重役三人を案内している。御用人が先導して御休息の間や御座の間、御対面所などを見てまわった。長局のなかには入らず、廊下から眺めてすませた。

その後、倉庫のなかを見た。諸道具類は封印したままだが、それを改めず、受け渡しを終えた。きびしい検分があるかと思い、緊張していた御広敷役人は拍子抜けするほど適当なやり方だった。

やがて七つ（午後四時）、御広敷役人たちも大奥に別れを告げ、平河口《ひらかわぐち》から城外へ出た。

戊辰戦争、北へ

慶応四年（一八六八）四月十一日、江戸城は無血開城《むけつかいじょう》された。

ところが、徳川家処分に不満を抱く一部の幕臣が、それ以前の二月二十三日、彰義隊《しょうぎたい》を組織し、新政府に反抗的な態度をとっていた。徳川慶喜の冤罪《えんざい》を晴らし、大義を彰《あきら》かにすることが目的であり、隊の名称もそこからつけられた。

彰義隊は上野寛永寺に本拠を置き、隊員も一時は千人を超えるほどだった。隊員のなかには夜間、市中に出没して、官軍の兵を見れば襲撃した。官軍の兵たちも規律が乱れ、なにが起きてもおかしくない状況だったから、市民の不安は高まるばかりである。

吉之助はどうにか無血開城を実現したが、こうなってはなんとかせざるをえない。そこに京から新しく官軍の軍防局判事として長州《ちょうしゅう》の大村益次郎《おおむらますじろう》が江戸にやってきた。江戸の状況を見るなり、吉之助に「上野を鎮圧すべきだ」といい、攻撃の指揮をとらせてほしいと申し出た。

こうして五月十五日、新政府軍は一万の軍勢で上野寛永寺を攻めたてたのである。吉之助は薩摩兵を指揮し、激しい戦闘がくり広げられた黒門口《くろもんぐち》で戦った。当初、手こずったものの、やがて新政府軍の最新兵器が威力を発揮、夕方には彰義隊を全滅へと追い込んだ。

その後、新政府は五月二十四日、徳川家について、田安亀之助（徳川家達）を相続人と決め、駿府国府中《ふちゅう》（静岡市）で七十万石の城主とすると発表した。

江戸は落ち着きを取り戻しつつあったが、東北諸藩は結束して、新政府軍に抵抗しようとしていた。たとえば、すでに一月、新政府は会津《あいづ》追討を命じていたが、会津藩は庄内《しょうない》藩と通じ、四月十日、会庄《あいしょう》同盟を結成。新政府はすぐさま庄内征討を決めたものの、小さな戦いが発生し、庄内軍が勝利を収めた。

奥羽《おうう》の諸藩がまとまって、新政府に対抗するという動きも出てくる。閏《うるう》四月十一日、奥羽十四藩は会津藩、庄内藩に同情し、白石《しろいし》城（宮城県白石市）で列藩《れっぱん》会議を開いたが、やがてこの動きは奥羽や北越《ほくえつ》に広がっていく。五月三日には新たに十一藩が奥羽同盟に参加。その後、北越六藩が加わり、奥羽越列藩同盟が成立した。新政府軍は薩摩、長州、土佐《とさ》、肥前《ひぜん》が主力だが、奥羽や北越など各地で激戦をくりひろげていた。しかし、東北の騒乱が鎮静化しない。

そこで吉之助は一度、鹿児島に戻り、新しく兵を集めて、北越薩軍の総司令として八月十一日、新潟に上陸した。ところが、まもなく弟の吉次郎《きちじろう》が戦死したとの報告を受け、大きな衝撃を受けた。戦いは非情なもので、情容赦もない。そのことを知っているはずだが、それでも弟の死は悲しみが深い。

激戦のなかで、降伏する藩が増えていく。そのなかで頑強に抵抗したのは会津藩だった。とくに有名なのは白虎隊《びゃっこたい》の戦いぶりだが、飯盛山《いいもりやま》で自決した十九人の少年たちの様子は、戦いの残酷さを物語ってあまりある。

九月二十二日、会津藩が降伏し、奥羽戦争は終わった。それ以前、七月十七日には「江戸」が「東京」と改称されたし、九月八日には「明治」と改元されている。しかし、これで戊辰《ぼしん》戦争の幕が閉じたわけではない。つぎに舞台は蝦夷地《えぞち》（北海道）に移り、五稜郭《ごりょうかく》の戦いがはじまるのだ。

先に述べたように、徳川家は七十万石に減封《げんぽう》となった。これでは約八万人の幕臣が路頭に迷うことになる。そのことを心配したのは、旧幕府の海軍副総裁榎本武揚《えのもとたけあき》である。新しく生きる場所を蝦夷地に求め、約二千人の旧幕府軍の兵を八隻《せき》の軍艦に乗せ、八月十九日に江戸の品川港を脱出した。

榎本は三十三歳、新天地に独立国をつくってみたい、と意気に燃えていた。だが、新政府にしてみれば勝手に軍艦を奪っていった反逆者だから、榎本軍を討つのは当然と準備していた。

榎本艦隊は途中、松島《まつしま》湾で旧幕府の脱走兵を収容した。そのため、二千八百人に増えたが、そのなかには旧幕府歩兵奉行大島圭介《おおしまけいすけ》、新選組《しんせんぐみ》副隊長土方歳三《ひじかたとしぞう》らがいた。

こうして榎本軍は十月二十日、蝦夷地の鷲《わし》の木《き》に上陸、進撃していった。十月二十五日には箱館《はこだて》と五稜郭を占領。十二月十五日には、士官以上の投票で総裁以下の諸役を選出した。榎本が総裁に選び出され、蝦夷共和国が誕生した。

ところが、明治二年（一八六九）三月、新政府は最新鋭艦など八隻の軍艦を派遣、箱館戦争がはじまった。四月九日、乙部《おとべ》に上陸すると箱館へ進撃。七百の軍勢で箱館山を占領すると、市街を制圧した。一方、箱館湾から五稜郭を標的に艦砲射撃が集中したため、五月十八日、榎本軍は降伏、五稜郭を開城した。

五稜郭内にいた約千人の旧幕兵が投降。約一年半におよんだ戊辰戦争が終結したのだった。

吉之助は五稜郭へも赴き、五月二十五日に着陣したが、すでに五稜郭は開城したあとだった。戦わずして東京へ戻ったのが六月一日。翌二日には戊辰戦争の論功行《ろんこうこう》賞《しょう》が行なわれた。

吉之助の維新の功績にたいしては、賞典禄二千石という最高の栄誉だった。大久保利通と木戸孝允は千八百石、大村益次郎《おおむらますじろう》が千五百石である。しかし、吉之助は、新政府の役人たちが贅沢な暮らしをしていることに不満を抱き、「死んだ者たちが賞典禄をもらわず、自分がもらうのはおかしい」といって断った。だが、新政府はそれを許さなかった。

その後、江戸を離れ、京に数日滞在したあと、十一月初めには鹿児島へ帰ってしまった。

戊辰戦争の変遷

戊辰戦争は、鳥羽伏見の戦いではじまり、五稜郭の戦いで終わる。１年数か月におよぶ戦いだった。当初薩摩・長州藩と旧幕府群との武力衝突だったが、やがて日本各地に広がり、内戦に発展した。

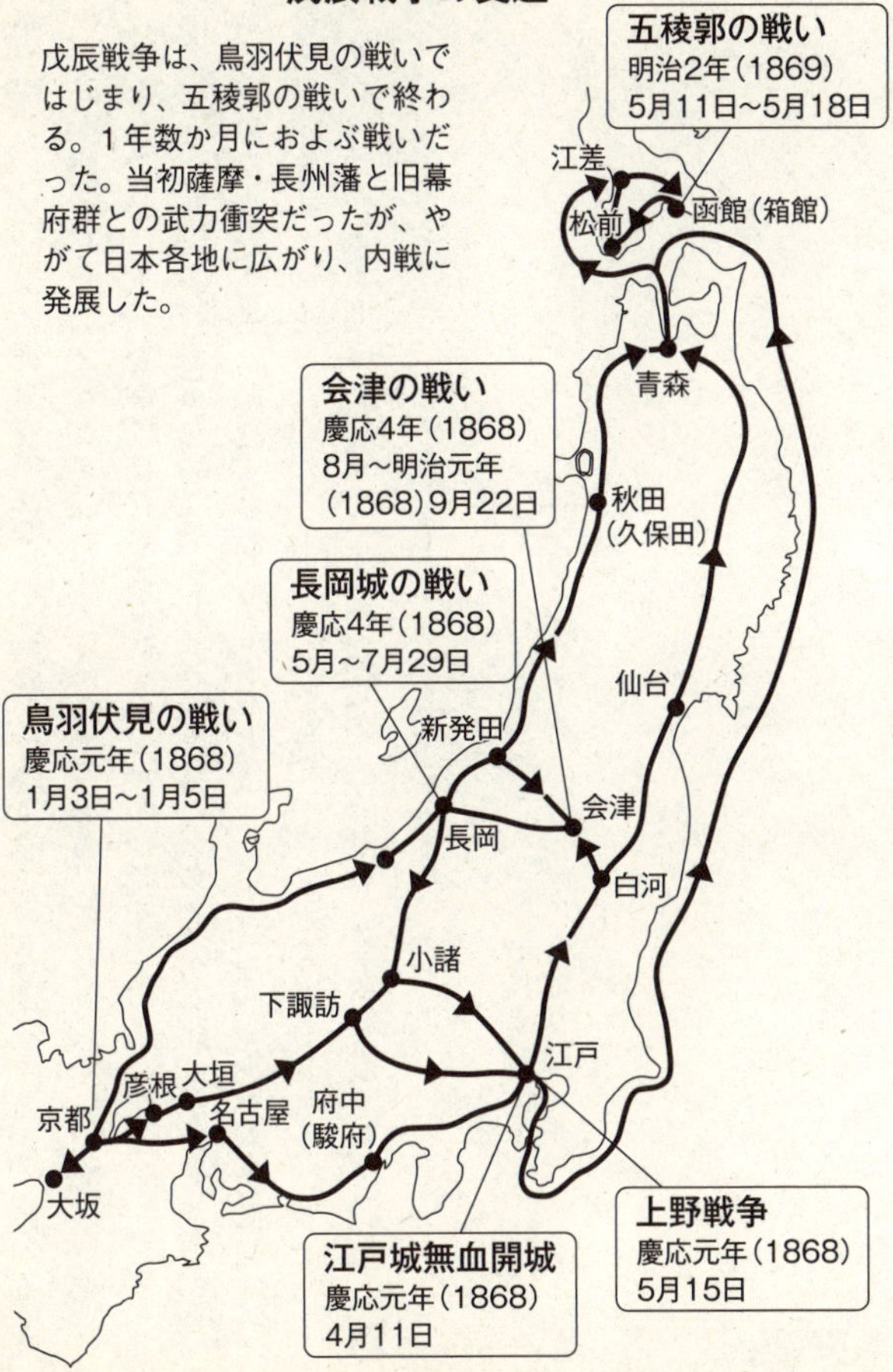

本来なら吉之助は大総督府参謀という要職にあるので、天皇に拝謁《はいえつ》して戦争の状況、任務が完了したことなどを報告すべき立場である。それをせずに、郷里に帰った。あとのことは大村益次郎に任せるという気持ちが強かったようだ。

「あのような政府をつくるために、われわれは戦い、多くの人びとが死んだのか」

新政府の役人たちの言動にも落胆した。ことばには出さないが、「本当に国民のための政治をするつもりなのか」と、内心いらだっていたのかもしれない。すべての官職を捨てた吉之助は、郷里の日当山《にっとうさん》温泉でのんびりと英気を養うことにした。

第六章　吉之助の最期と篤姫の晩年

ふたたび中央政界へ登場

西郷吉之助《さいごうきちのすけ》は鹿児島に帰り、のんびりしていたが、いつまでもそうしていられない。明治二年（一八六九）二月、藩主島津忠義《しまづただよし》が日当山《にっとうさん》温泉にやってきて吉之助に頭を下げ、「藩政をみてもらえまいか」と頼み込んだのである。そこで吉之助は参政《さんせい》という役についた。

一方、新政府は六月十七日、版籍奉還《はんせきほうかん》を実施する。これによって、領地と領民は、藩から政府が管轄することになったのである。

とはいえ、大名たちは知藩事（藩知事）として、引きつづき旧領の統治にあたった。つまり、藩主は中央政府の地方行政官となったわけである。ただし、藩の石高《こくだか》は十分の一とされ、藩財政と区別することになった。

このままでは、形式上は中央集権となったものの、実質的には不十分だ。実質的なものにするには、廃藩《はいはん》の必要があったのである。

吉之助は、基本的に政府の方針にしたがったが、それ以外では独自の改革を進めた。領主の土地はすべてを取り上げ、藩庁が管轄することにした。さらに、すべての城下士族を常備隊に所属させ、地頭《じとう》を指揮官に任命したが、その数は約一万四千人になった。これは政府が規定していた軍備の四倍に達する軍事大国ができたことになる。

吉之助がめざしていたのは、下級武士の地位を向上させることであり、農民の地位を改善することではなかった。この結果、軍の規模が大きくなり、これを維持するため、農民たちに過酷な犠牲が強いられることになったのだ。

吉之助の考えは「名もいらず、命もいらず、児孫《じそん》のために美田《びでん》も買わない」というものだったが、農民が犠牲になっていることには考えがおよばなかったようだ。

一方、中央政府では、大久保利通《おおくぼとしみち》が版籍奉還を実質的なものにするため、吉之助の力を借りようと動き出す。自ら鹿児島を訪れ、吉之助に新政府に出仕するようじかに説得するが、吉之助は拒絶する。その後、弟の従道《つぐみち》がやってきて説得したが、これもだめだった。さらに岩倉具視《いわくらともみ》が迎えにくる。こうなっては、さすがの吉之助も承諾せざるを得ない。

明治四年（一八七一）一月三日、吉之助は岩倉とともに鹿児島から出港、二月二日に東京の土を踏んだ。一年八か月ぶりのことだった。

さっそく吉之助は動き出す。薩摩《さつま》、長州《ちょうしゅう》、土佐《とさ》の三藩から兵を出し、これを親《しん》兵《へい》（翌年、近衛兵《このえへい》）とした。その後、七月十四日、廃藩置県の詔書《ちけんちょくしょ》が出た。吉之助は「もし反対する藩があれば、親兵をひきいて攻める」という覚悟をしていたらしい。

しかし、これは藩の名を県に改める、という名目だけのことではない。旧藩主は華族《かぞく》として、東京に移住させたのである。廃藩置県の実施は各地の人びとに大きな衝撃をあたえたし、抵抗しようとする者もいた。

当時、負債をかかえた藩が多かったが、負債の大部分は政府が肩代わりしてくれたおかげで、旧藩主は借金から逃れることができた。

新しく誕生した府には知事が、県には県令がおかれた。

その後、十一月十二日、欧米事情視察のため、特命全権大使岩倉具視らが横浜から出発した。使節団の出発に当たって、吉之助や板垣退助《いたがきたいすけ》を中心に留守政府が組織された。

新政府を分裂した征韓論

留守内閣は、太政大臣三条実美《さんじょうさねとみ》を筆頭に西郷吉之助、板垣退助、大隈重信《おおくましげのぶ》らの参議《さんぎ》が中心になっていた。吉之助がその実権を握り、政界をリードした。使節団が出発するとき、吉之助ら留守政府は、重要な改革や人事異動をしない、と約束していたのだが、吉之助らはこれを無視し、学制や徴兵、地租改正などを行ない、法律をつくって公布したのだ。

やがて「征韓論《せいかんろん》」が、留守政府のなかでも議論が沸騰した。ひと口にいえば「朝鮮国《ちょうせんこく》を討て」という朝鮮侵攻論だが、とくに明治六年（一八七三）九月に岩倉使節団が帰国してからは反対論が高まり、政府内部が分裂したほどだった。

もともとこの論を唱えたのは木戸孝允《きどたかよし》で、明治元年（一八六八）十二月、岩倉にこう述べている。

「使節を朝鮮に派遣し、その無礼を問い、もし服さなければ、罪を鳴らして攻撃すべきだ」

しかし、そのころ、朝鮮が日本に無礼な態度をとった、ということはない。

もともと朝鮮との外交は対馬《つしま》藩が窓口になっていた。

ことの発端は明治元年十一月、新政府が対馬藩に命じて、朝鮮に文書を渡したことだった。それは、朝鮮に王政復古《おうせいふっこ》のことを知らせ、「今後もいままで通り、国交をつづけたい」という趣旨の文書だ。

ところが、朝鮮は「この文書はおかしい」といって、文書を突き返してきた。問題にしたのは、文書のなかに「皇室」と「奉勅《ほうちょく》」の字が入っていること。この文字は以前の文書になかったものだったから、朝鮮に対して使えるのは、清国《しんこく》皇帝だけであり、日本は朝鮮を見下しているのではないか、と疑ったのである。

日本政府は、こんどは朝鮮に対して「無礼だ」と、逆にいいがかりをつけた。

当時、日本国内には不満を抱き、反政府的な態度をとる士族が多くいた。不満がエスカレートすれば、反乱を起こす、ということにもなりかねない。そこで政府の一部には、士族を朝鮮侵攻に使ってはどうか、と考える者が出てきた。征韓論が出てきた背景には、このようなことがあった。

ところで、釜山《プサン》には対馬藩が出先機関として草梁館《そうりょうかん》を開設していた。むろん、正式に朝鮮政府から借りたものである。政府はそれを接収し、大日本公館と改めたのだ。朝鮮政府の許可も得ず、一方的に行なったため、朝鮮側は、その背後に朝鮮侵略政策があるのではないか、と疑念を抱いた。そこで朝鮮側は大日本公館への食糧供給をやめたり、日本商品の輸入を禁止するなど、排日政策をとりはじめたのである。

明治六年（一八七三）六月から七月にかけて閣議が開かれ、この問題を検討した。

軍艦を派遣し、その軍事力を背景に使節が談判すべきだという案に賛成したのは板垣である。吉之助は軍艦を派遣すれば、朝鮮側の疑いが深まるし、反発するとして、非武装の使節を送るべきだ、と主張した。

さらに吉之助は「自分が使節になりたい」と希望したのである。板垣に宛てて、いくども朝鮮派遣を指示してほしい、と手紙を書いた。

「自分が使節として朝鮮の非をきびしく責めたら、相手は必ず自分を暴殺するだろう。そのときこそ、大義名分の上に立って出兵し、朝鮮国を占領すればいい」

しかし、閣議では結論が出なかった。

もともと吉之助は征韓論に反対だったが、明治五年（一八七二）ごろから賛成派に転じ、明治六年には自ら使節に選んでほしい、というまでになったのである。新しい政府といっても、官僚政府ができただけで、士族《しぞく》が生きる場所がない。

吉之助は、できれば士族の軍事政権をつくりたい、と考えていた。そうなれば、士族が生きる場が増える。そのために征韓をやろうと考えていたようだ。

征韓論の論争は朝鮮を討つか否か、という争いにみえる。だが、その本質は、日本国内の権力をだれが握るのか、ということだった。吉之助らの反官僚派と、岩倉、木戸、大久保ら官僚派との権力闘争を繰り広げていたのである。

吉之助があまりにも熱心に主張するので、明治六年八月十七日の閣議で、吉之助を使節として派遣することに決定する。ただし「岩倉大使が帰国後に発令する」ことになっていた。

吉之助は九月二十日に出発と決め、随員を選んだり、短銃を取り寄せたりして準備を進めたのである。

そこに岩倉大使が帰国してくる。九月三十日だが、すぐさま征韓論に大反対。岩倉や大久保は、征韓そのものに反対だったわけではない。吉之助が指導権を握って征韓することに反対だったのだ。

吉之助が使節として朝鮮に渡ることになれば、大久保たちの官僚派が敗北し、士族たちの反官僚派の勝利となるからだった。

閣議での議論は紛糾したが、三条と岩倉は吉之助の意見を通してしまった。大久保はあわてて秘策を考え出す。十月十七日の閣議に岩倉を欠席させたのだ。つづく十八日には、三条が脳病となり、天皇への上奏はできなくなった、ということにした。三条は、その日のうちに辞表を出した。

天皇は二十日、三条の病気見舞いをし、岩倉を太政大臣代理に任命する。岩倉は二十三日、閣議の決定とは逆に、征韓せず、大使も派遣しない、との私見を上奏し、天皇の裁可を得た。

吉之助は二十三日、すべての職を辞した。翌二十四日には、板垣退助、後藤象二郎《ごとうしょうじろう》、江藤新平《えとうしんぺい》、副島種臣《そえじまたねおみ》も辞表を出した。大久保のどんでん返しの勝利だった。

その後、吉之助は鹿児島へ帰った。

吉之助の覚悟を決めた一つの事件

政権争いに敗れて帰郷した吉之助は、鹿児島に私学校を設立した。明治七年（一八七四）六月のことである。

士族の若者たちを軍人として育てるための学校で、銃撃学校と砲隊学校を本校とし、各地に分校を設けた。分校といっても校舎はなく、市などの小学校の校舎を利用し、夜間に軍事訓練や思想教育をした。

県令（県の長官）の大山綱良《おおやまつなよし》が吉之助に傾倒していたため、私学校の費用は、すべて鹿児島県庁が負担したほか、政府の弾薬を提供し、軍事訓練に使わせたほどだった。

そのころ、各地で士族たちの不満がつもり、いまにも爆発しそうだった。武士という身分を失ったうえ、生活にも困窮し、心のよりどころがなくなっていたからだ。八月には、士族の俸禄《ほうろく》（家禄）を廃止、かわって金禄公債《きんろくこうさい》が発行されることになった。政府は財政負担を軽減しようとしたわけだが、俸禄で生活していた多くの士族たちは困り果てた。金禄公債で借金するか、売り払うしかなかったのである。さらに明治九年（一八七六）三月、廃刀令《はいとうれい》が出て、「武士の魂」とされていた刀が取り上げられる。全国に約三十二万人いた士族の不満は、高まるばかりだった。

やがて士族たちの不満が一挙に爆発する。十月に熊本で神風連《じんぷうれん》の乱、福岡で秋月《あきづき》の乱、長州で萩《はぎ》の乱と、各地で士族の反乱が続発した。ところが、これらの反乱は事前準備が不十分だったため、政府軍にあっさり鎮圧された。

各地の士族たちは「いつ西郷吉之助が決起して、政府のやり方を正してくれるのか」と、心待ちにしていた。しかし、吉之助はなにを考えていたのか、動かなかった。

吉之助の動きに注目していたのは、政府も同じだった。

「鹿児島の私学校が反乱するのではないか」

政府は不穏な動きを警戒していたが、とくに鹿児島で士族反乱が起こるのを恐れたのは、大久保利通である。鹿児島で乱が起き、各地に飛び火したら、どうなるかわからない。もしも三十万人の士族が一斉に蜂起したら、たいへんな事態になる。

大久保は苦慮したが、木戸孝允はこう主張した。

「万一に備えて、鹿児島の火薬庫を大阪に移転させるべきだ」

いろいろ検討された結果、明治十年（一八七七）一月二十八日、火薬庫の移転が実施されることになった。政府は三菱汽船赤龍丸《せきりゅうまる》を鹿児島に差し向け、ひそかに兵器や弾薬を運び出そうとしたのである。

ところが、この政府の動きが噂となり、翌二十九日夜、五十人ほどの私学校の若者たちが行動を起こす。城山《しろやま》の西、草牟田《くさむた》村にある弾薬庫を襲い、数日間で六万発の小銃弾を無断で運び出したのだ。

吉之助がこの事件を知ったのは二月一日、大隅《おおすみ》半島の小根占《こねじめ》で狩猟をしているときだった。

「しまった！」

訪ねてきた弟の小兵衛《こへえ》から話を聞いたとき、吉之助は思わず叫んで顔色を変えた。

しかし、やってしまったことは、取り消すわけにはいかない。

私学校の若者たちは、政府の挑発に乗せられたのだし、すでに政府は鹿児島の私学校をつぶそうと準備をしているはずだった。

鹿児島に戻った吉之助は、二月五日、桐野利秋《きりのとしあき》や篠原国幹《しのはらくにもと》、村田新八《むらたしんぱち》、別府晋介《べっぷしんすけ》らの幹部と善後策を話し合った。しかし、いい後始末の方策などあるはずもない。意を決して、こういったのである。

「わかった。わしの命は、お前たちにくれてやる」

こうして西南《せいなん》戦争への第一歩は踏み出された。

「維新の三傑」から「賊徒」へ

吉之助が「わしの命は、お前たちにくれてやる」といったとき、いならぶ幹部は「おーっ！」と、歓声をあげた。

最後に幹部の篠原国幹は、こう叫んだ。

「事ここにいたっては、断の一字あるのみ。命の惜しい者はこの場から去れ！」

去る者はいなかった。吉之助も自ら思うところを述べた。

どのような理由があれ、一度は参画した政府に背くのだから、それなりの理由が必要だ。そこで、「政府に西郷暗殺指令の真偽を問いただすため、兵をしたがえて上京する」という口実をつくった。

鹿児島には多くの密偵《みってい》が入り込み、私学校党の動きなどをさぐっていた。前年、明治九年十二月には二十三人の政府密偵が送り込まれていたのだが、そのうちの一人、中原尚雄《なかはらひさお》が私学校党に捕らえられた。徹底的な拷問《ごうもん》を受け、「西郷先生を暗殺するつもりだった」と自白したのである。

実際に西郷暗殺の計画があったかどうか、はっきりした証拠はない。しかし、それを口実にしたのだ。

こうして明治十年二月十一日、県令大山綱良につぎの通信文を出した。

「今般政府へ尋問の筋あり、不日《ふじつ》に当地を発程《はってい》いたし候間《そうろうあいだ》、お含みのためこの段届け出で候。もっとも旧兵隊の者ども随行、多人数出立いたし候間、人民動揺いたさざるよう、一層保護依頼におよび候也」

西郷、桐野、篠原の名が記されている。大山はこれを了解し、吉之助らが支障なく通行できるよう政府や沿道の各鎮台《ちんだい》に通告した。

西郷軍一万三千が熊本をめざして出発したのは、明治十年二月十五日のことだった。鹿児島はその日、珍しく五十年ぶりの大雪となった。人数が多いため、全員が鹿児島を出るのに三日もかかった。

吉之助は陸軍大将の軍服姿で、珍しく馬に乗っている。すでに吉之助も五十一歳だ。

「西郷がついに決起《けっき》した！」

多くの士族がこの日を待っていたのだろう。「西郷決起」の報《しら》せを聞いた士族たちは奮い立ち、つぎつぎと西郷軍に加わっていく。最大時、約四万二千人にまでふくれあがった。

当時のわが国では、西郷軍が最強の戦闘部隊だった。とはいえ、挙兵の目的に、具体的な明確さが欠けている。しかも、戦略らしい戦略もなかった。

結局、こうしたことが敗因となるのだが、熊本をめざして進軍しているときは、だれしも意気盛んだった。

一方、大久保や岩倉ら政府首脳は「西郷が出兵した」との報せを受け、覚悟した。薩摩は軍事大国になりつつあるだけに、早いうちに力を削《そ》いでおく必要があると考えていた。そのときがついにきたのだ、という気持ちである。

しかし、大久保にとっては、子どものときから一緒に遊び、学んできた懐かしい幼友だちだ。敵対するのは心が痛むが、戦うときは、しっかり戦わなければならない。

やがて天皇は二月十九日、吉之助らを賊徒《ぞくと》とみなし、征討の勅書《ちょくしょ》を出した。「維《い》新《しん》の三傑《さんけつ》」の一人とされた西郷吉之助が、あろうことか「賊徒」となったのである。

政府は、さっそく有栖川宮熾仁親王《ありすがわのみやたるひと》を征討総督とする征討軍を編成した。ほかに山県有朋《やまがたありとも》は征討参事、海軍中将川村純義《かわむらすみよし》は征討参謀に任じられた。こうして、西南戦争へと突き進んでいく。

政府軍四万が東京を出発したのは二月二十日だが、二十六日には福岡に到着。軍備は戊辰《ぼしん》戦争のころより進んでいたし、とくに小銃射撃と砲術が進歩していた。ほかに旧幕府軍から引き継いだ開陽丸《かいようまる》など十一隻の軍艦を投入した。

西郷軍が目ざしている熊本城は、加藤清正《かとうきよまさ》が築いた名城である。石垣の見事な造りなど敵を寄せつけない。吉之助をはじめ桐野、篠原らは包囲して攻撃すれば、落とすのはさほどむずかしいことではない、と考えていたが実際に攻めてみると、手こずり、苦戦を強いられたのである。

熊本城の司令官は四十一歳の陸軍少将谷干城《たにたてき》だ。板垣退助とともに、ゆれ動く土佐藩を武力倒幕に踏み切らせた男である。兵力は西郷軍にくらべてはるかに少なく、三千三百しかない。

そこで、谷が考えたのは、できるだけ多くの弾薬や食糧をたくわえ、籠城《ろうじょう》して西郷軍を追い払う、ということだった。

激突した熊本城と田原坂の戦い

翌二月二十二日未明、まだ砲隊が到着していないのに、西郷軍は熊本城を包囲すると、まず五番大隊（池上四郎《いけがみしろう》）がひそかに白川《しらかわ》を渡りはじめた。瞬時に、城から大砲の弾が飛んでくる。五番大隊はひるまずに川を渡って進み、城の東北から城を攻撃した。

さらに四番大隊（桐野利秋）、一番大隊（篠原国幹）、二番大隊（村田新八）が前進し、城を囲むように展開し、一斉に射撃をする。ところが、熊本城は堅城である。その程度の攻撃ではびくともしない。

じつは熊本城攻撃をめぐって、西郷軍首脳の意見は分かれていた。

「兵をいくつかに分けて、熊本城は小部隊で囲んで攻撃する。その後、全九州を制圧し、全国士族の蜂起《ほうき》をうながす」

そのように主張したのは、吉之助の弟、小兵衛だった。しかし、桐野はそれに反対する。

「熊本城の兵は、農兵だから取るに足らない。全軍で向かい、一蹴《いっしゅう》すべきだ」

しかし、状況は西郷軍に不利だった。西郷軍が到着する二日前、天守閣から火が出て、焼け落ちたのだ。火は城下町に燃え移り、白川から西寄りの城下は焼け野原になっていた。だから西郷軍が近づいても身を隠すところがなく、城からの砲火にさらされたのである。

そのなかで一部の西郷軍が小倉《こくら》へ向かう。五番大隊長の池上四郎が村田三介《むらたさんすけ》らの小隊をひきいていた。だが、小倉へ到着できたのは、村田の小隊だけで、あとは別の方面に転戦していった。

西郷軍の兵力が分散され、熊本城を落とすこともできず、膠着《こうちゃく》状態となった。

西郷軍が熊本城を囲んでいるころ、政府軍の一部は博多湾から上陸を開始していた。征討参事の山県有朋が博多に上陸して南下し、南関に総督有栖川宮熾仁親王を迎え、本営とした。

やがて三月三日、西郷軍は、熊本城救援のために南下してきた政府軍と、田原坂《たばるざか》で激突する。

田原坂は福岡から熊本平野への交通の要衝にあたる狭い道だった。けわしくはないが、曲がりくねって見通しが悪い。しかも西側に谷や低い崖があるから銃撃戦をしながら通り抜けるのは容易でない。

政府軍にとっては、熊本城を救う唯一の補給路であり、砲兵隊が通れるのはこの道だけだ。それだけに政府軍にとっては、たとえ大きな犠牲を払っても確保したい場所だった。西郷軍にとっても、田原坂はぜひ手に入れたい。

政府軍の攻撃ルートは、田原坂を越え、植木《うえき》から熊本へ向かう道筋と、田原坂の南にある吉次越《きちじご》え峠《とうげ》を越え、間道づたいに熊本城へ向かう道筋を考えていた。

三日から激しい銃撃戦がはじまった。しかし、西郷軍の銃は先込めの旧式銃だが、政府軍の銃はカートリッジ式（銃弾と火薬が一体になったもの）の最新銃である。これでつぎつぎと撃ってくるから、西郷軍はかなわない。

そこで西郷軍は、曲がりくねった田原坂に塹壕《ざんごう》を築き、応戦をつづけた。西郷軍は斬込み隊で突撃したが、逆に押し返されるばかりだった。

翌四日も激戦はつづく。ところが、陣頭で指揮をとっていた篠原国幹が胸を撃たれて即死した。吉之助は、本営に運ばれてきた篠原の遺体をみて涙を流した。

三月十一日、政府軍の田原坂総攻撃がはじまる。

政府軍がここまで運び込んだ八門の山砲が、西郷軍めがけてつぎつぎに火を吹く。そうした一方、抜刀隊《ばっとうたい》を編成し、西郷軍の斬込み隊に対抗してきたのである。それでも西郷軍は田原坂を死守した。

西南戦争 略図

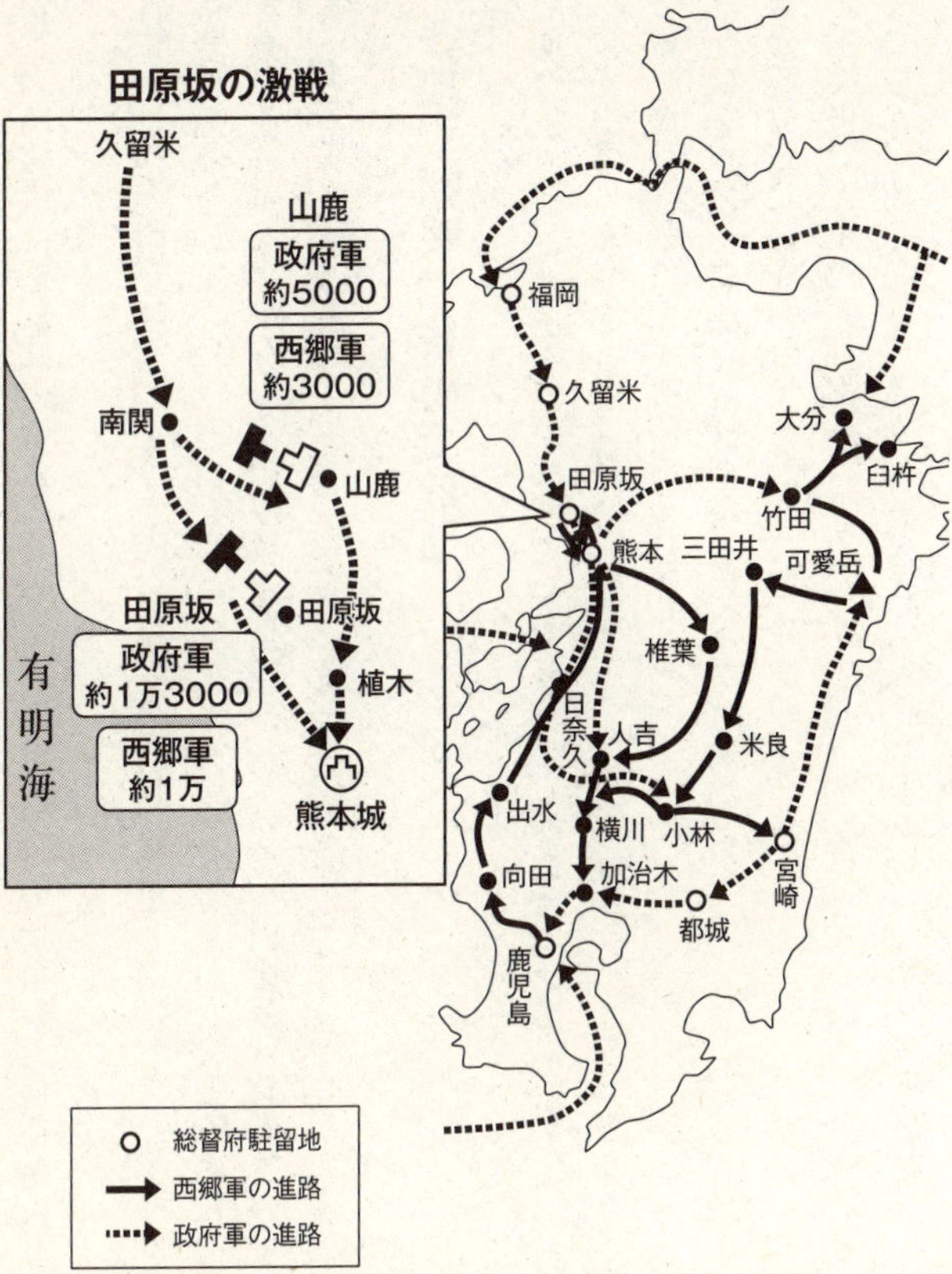
田原坂の激戦
久留米
山鹿
政府軍
約5000
西郷軍
約3000
南関
山鹿
田原坂
田原坂
政府軍
約1万3000
西郷軍
約1万
植木
熊本城
有明海
福岡
久留米
大分
臼杵
田原坂
竹田
熊本
三田井
可愛岳
椎葉
日奈久
人吉
米良
出水
横川
小林
宮崎
向田
加治木
都城
鹿児島
総督府駐留地
西郷軍の進路
政府軍の進路

しかし、西郷軍にそれほどの力は残っていない。弾薬も食糧も乏しくなっていたのだ。

三月二十日、大雨が降りしきるなか、政府軍が総攻撃をしかけてきた。やがて銃弾の尽きた西郷軍のなかには、石を投げつけて応戦する者もいたほどだった。

力尽きた西郷軍は、やむなく田原坂から退却していく。田原坂は政府軍の手に落ちたが、田原坂の激戦は十七日間もつづき、両軍合わせて七千人近い死者を出した。

九州各地で転戦、城山で最期

「わが軍の窮迫《きゅうはく》ここに至る。今日のこと、ただ一死を奮《ふる》って決戦するのみ。この際、諸隊にして、降《くだ》らんとする者は降り、死せんとする者は死し、士の卒《そつ》となり、卒の士となる、ただ、その欲するところに任せよ」

吉之助は全軍に、悲痛な解散命令を出した。明治十年（一八七七）八月十六日、田原坂が政府軍に占領されて約五か月後のことである。

田原坂で敗れたあと、西郷軍は四月二十七日、二年間は戦うつもりで人吉《ひとよし》に入った。ところが、すぐに政府軍が攻めてくる。実際には二年どころか、あっというまに敗北し、それをきっかけに投降する者があいついだ。

その後、西郷軍は宮崎に本営を移す一方、独自の紙幣を発行した。資金調達のために発行した臨時紙幣で、俗に「西郷札《さつ》」という。

しかし、七月には宮崎の軍事務所が攻撃を受けた西郷軍は各地を転々とする。こうして吉之助は、やむなく解散命令を出したのである。とはいえ、吉之助がそのまま政府軍に捕縛されるわけにはいかない。前途に希望をもてないまま、西にそびえる可愛岳《えのだけ》を越えることになった。

可愛岳は宮崎県北東部にあり、七百二十八メートルで、さほど高くはないが、けわしい山だ。肥満の吉之助にはかなりきつい。

西郷軍はやっとの思いで可愛岳を越え、八月二十一日に三田井《みたい》に着いた。政府軍は、まさかこのようにして西郷軍が現れるとは思わず、おどろいた。やがて故郷の鹿児島に帰り着いた。九月一日のことである。故郷に帰ったとはいえ、政府軍が支配している。その政府軍と戦い、城山に布陣した。

吉之助が城山に到着したのは翌二日である。敗軍の将として帰ってきたのに、地元の人びとは歓迎してくれた。その一方、政府軍も城山付近に集まってくる。

西郷軍は、わずか三百七十人ほどで城山に立て籠《こ》もったが、武器は百五十挺《ちょう》の銃があるだけだ。城山は、鶴丸城《つるまるじょう》の背後にある高さ百メートルほどの丘だが、深い谷があり、樹木もうっそうと茂っている。天然の要害といっていい。

この城山を中心に防衛線を築いた。吉之助は岩崎谷《いわさきだに》に洞窟を掘り、そこを本営としたが、戦いをつづけるための武器弾薬は乏しいし、食糧もないのだ。そのため、市中の米蔵や政府軍の陣営を襲って調達する始末だった。

市中では戦いがまだつづいている。西郷軍の首脳のなかには、吉之助だけはなんとか助けたい、と思い、海軍大将川村純義《かわむらすみよし》に助命《じょめい》を嘆願したほどだ。これは許されなかったが、山県有朋は「これだけ世間を騒がしたのだから自裁《じさい》してほしい」との趣旨を述べた手紙を書き、使者に託した。

九月二十四日早朝、突如、三発の号砲がとどろく。これを合図に政府軍の総攻撃がはじまった。大喊声《だいかんせい》とともに、吉之助が本営とした城山の洞窟付近に、砲弾が雨のように降りそそいだ。

攻防戦は二時間ほどつづいた。いよいよ最後の決戦だ。西郷軍の兵士たちは、政府軍をめがけて城山をくだっていく。多くの兵が倒れる。

吉之助も、いよいよの覚悟を決め、洞窟を出て前へ進んだ。桐野利秋、村田新八、池上四郎、別府晋介、辺見十郎太《へんみじゅうろうた》らが吉之助をかこむように一群となって岩崎口の下り道を歩いた。

　この姿は目立つ。政府軍の銃撃が集中して、何人もの兵たちが弾丸に倒れた。吉之助も腹部に二発の弾丸を受け、血に染まりながら倒れた。それでも力をふりしぼって体を起こし、別府晋介に声をかけた。

「晋どん、もうここでよか」

　あらかじめ、介錯《かいしゃく》は別府と決まっていたが、いざとなると、緊張する。別府は深呼吸をし、吉之助の斜めうしろに立つ。吉之助がうながす。

「晋どん、頼む！」

「先生、ごめん」

　別府の刀が振りおろされた。吉之助五十一歳の最期である。明治十年九月二十四日午前七時ごろのことだった。

　晋介は地面にすわり、自ら切腹した。その様子を見守っていた桐野利秋や村田新八、辺見十郎太らは、ふたたび突撃、銃弾に倒れた。

　銃声が跡絶え、西南戦争が終わったのは午前九時ごろのことである。吉之助は「賊徒」として戦ったが、明治二十二年（一八八九）二月十一日、罪が赦《ゆる》され、正三位を追贈《ついぞう》された。

篤姫、晩年の生きがい

篤姫《あつひめ》は、明治の世になったというのに、あの西郷吉之助が西南戦争を引き起こし、政府軍に敗れて自決《じけつ》したという話を伝え聞いて、なんともいいようのない悲しみに沈んだ。会ったことは、ほとんどないにひとしいが、老女幾島《いくしま》らを通じてさまざまな交流はあった。

薩摩の男らしく正義に燃え、おのれの信じる道を貫く、という吉之助の生き方に、篤姫は好感を抱いていた。しかし、人にはいえぬことだが、あのように大勢の人びとを巻き込んだ行為は、合点《がてん》がいかぬ。

人びとが正しい道を歩みながら生きていくのが一番の幸せなことなのに、死んでしまってはなにもならない。篤姫が胸のうちで、ひそかに思うことだった。

江戸城の大奥から追われるように立ち去った篤姫だが、市ヶ谷御門内の一橋《ひとつばし》家上屋敷に移り、そこで穏やかな日々を過ごすことになるのか、と思ったが、そういうわけにはいかない。築地《つきじ》の一橋家下屋敷、青山《あおやま》の紀伊《きい》家中屋敷、戸山《とやま》の尾張《おわり》家下屋敷など、転々とした。

大奥を出たあと、一時、気落ちしたものの、いつまでも気力が挫《くじ》けたままではいけない。篤姫は自らを鼓舞して、新しい時代に立ち向かっていった。そのなかで大きな喜びは、徳川《とくがわ》宗家の行く末が決まったことだった。

朝廷ではいくども朝議を開き、徳川家処分を検討してきたが、ようやく結論が出た。三条実美《さんじょうさねとみ》を関東大監察使として下向《げこう》させ、慶応四年（一八六八）三月二十九日、江戸城で発表した。それによると、徳川慶喜《よしのぶ》のあとをうけ、六歳の田安亀之助《たやすかめのすけ》が徳川宗家を相続、七十万石の駿河府中《するがふちゅう》藩（静岡市）主となった。名は田安亀之助から徳川家達《いえさと》と改めたのである。篤姫にとって、その家達を養成することが役割となり、新しい生きがいとなった。

そうした一方、島津《しまづ》家から一橋邸へ使者がやってきて、篤姫に「これから一年間、三万両ずつ差し上げたい」といってきたのだ。篤姫は経済的には楽ではないが、徳川の人間となったからには徳川の賄《まかない》で十分という意地もある。すぐ断ったが、その後、西郷吉之助が篤姫のもとにやってきた。

これが二人のはじめての対面とされる。いろいろ関わりがあるのだから、それなりに話があるはずなのに、吉之助は挨拶をしただけで、すぐに辞した。篤姫は、吉之助がまだなにもいわないのに、それと察して「合力金《ごうりょくきん》のことは固く辞退する」

とだけいった。合力金とは施《ほどこ》し与える金のこと。それはいらない、と断わったのである。吉之助は、篤姫にはっきりいわれて、あとの話などつづかなかったのだろう。

しかし、篤姫は薩摩の姫さまであり、江戸城大奥、最後の実力者である。なにか会話があってもいいのではないか、とも思えるが、吉之助には、篤姫は徳川家の御《み》台《だい》さまという思いが消えずに残っていたのだろうか。

篤姫にしてみれば、吉之助は戊辰戦争で政府軍の指導者となり、錦《にしき》の御《み》旗《はた》を掲げて、幕府軍を敗北へと追い込んだ人物でもある。それは悔しいことだが、最後に江戸城総攻撃を中止し、江戸を戦火から守った。そのことは高く評価してもよい、と思っていた。

吉之助と対面したとき、会話がはずまなかったのは、複雑な思いがあったからである。

ところで、和宮《かずのみや》は、明治五年（一八七二）、京都へ戻ったものの、二年後には東京に移り住む。明治十年（一八七七）八月、脚気《かっけ》を患い、箱根《はこね》の塔《とう》ノ沢《さわ》で湯治《とうじ》をしていたところ、六月二日、三十二歳で亡くなった。

明治天皇が江戸城（東京城）を皇居とするため、東京へ向かったのは明治二年（一八六九）三月七日だが、新政府はまだ戊辰戦争が終わっていないのに、関所を廃止するとか、小学校の設置を奨励するなど、新しい制度の導入をはじめていた。また、諸侯には東京へ結集するよう要請した。

徳川家では、千駄ヶ谷《せんだや》一帯の土地を整備し、宗家の邸としたが、付近には田圃《たんぼ》や畑が多い。篤姫もこの邸に移ったが、それからまもなくして五稜郭《ごりょうかく》の戦争が終わった。篤姫は家達の養育に励んだ。

やがて明治五年（一八七二）、篤姫の希望もあって、家達と近衛忠房《このえただふさ》の長女泰子《ひろこ》との婚約がまとまる。家達は十歳、泰子は六歳である。篤姫は、泰子を立派な武家の嫁になるようにと、千駄ヶ谷の徳川邸に引き取り、行儀作法などを教えた。

家達はやがてイギリスのイートン校へ留学する。明治十年、十五歳のときのことだ。帰国したのは、明治十五年（一八八二）だが、結婚式は翌年正月に行なわれた。家達二十一歳、泰子十七歳である。

篤姫は家達が嫁をめとった姿を見て、すべて満ち足りた気持ちになったのだろう。その年の十一月二十日、激動のなかで、たくましく生き抜いた篤姫は、四十八歳の生涯を終えた。

西郷どんと篤姫　年表

文政一〇年（一八二七）	一二月、薩摩国鹿児島城下、下加治屋町で生まれる。西郷吉兵衛の長男。幼名は小吉で、通称を吉之助。隆盛は維新後の名。
天保七年（一八三六）	篤姫が誕生。父は今和泉島津家の忠剛。幼名は一子。通称敬子。剃髪後は天璋院。
弘化元年（一八四四）	藩に出仕し、郡方書役助となる。
嘉永三年（一八五〇）	三月、お由羅騒動で赤山靭負が切腹したことを知り、藩政改革を決意する。靭負の血染めの肌着をもらう。
嘉永四年（一八五一）	二月、島津斉彬が藩主に就任。
嘉永五年（一八五二）	伊集院兼寛の妹スガと結婚。九月、父の吉兵衛が没し、家督を相続する。一一月、母政子が没する。
嘉永六年（一八五三）	六月、ペリーの黒船が浦賀に来航。八月、篤姫、江戸へ出立。一〇月、江戸三田の薩摩藩邸に到着。
嘉永七年（一八五四）	一月、藩主斉彬の参勤交代に従い、江戸へいく。途中、国境で斉彬と初めて御目見。四月、江戸に到着後、庭方に任じられる。藤田東湖の知遇を得る。一一月「安政」と改元。
安政二年（一八五五）	四月、篤姫の輿入れ支度のため奔走。一〇月、安政の大地震、藤田東湖死す。篤姫、渋谷村の別邸に避難。一二月、越前の橋本左内に初めて会う。
安政三年（一八五六）	一一月、篤姫、将軍家定へ輿入れ。

安政五年（一八五八）	一橋慶喜を将軍に擁立するため活躍。七月、将軍家定が病没。一〇日後、藩主斉彬が急死。殉死を決意したが、月照に諫められる。九月、安政の大獄がはじまり、月照にも危機が迫る。一一月、鹿児島へ逃れ、錦江湾で西郷と月照が入水。月照は帰らぬ人となったが、西郷は蘇生。一二月、藩によって奄美大島に潜居を命じられる。
安政六年（一八五九）	一月、奄美大島で自炊生活を始める。一一月、島の娘（愛加那）と結婚。一〇月、橋本左内が安政の大獄で処刑。
文久元年（一八六一）	一〇月、和宮の花嫁行列、京を出立。（婚礼は翌年二月）
文久二年（一八六二）	二月、将軍家と和宮の結婚。西郷は赦されて鹿児島に帰る。やがて独断で大坂に赴き、久光の怒りを買って遠島を命じられる。四月、寺田屋騒動。八月、生麦事件。六月、徳之島、閏八月、沖永良部島へ。
元治元年（一八六四）	二月、西郷は赦されて帰藩。三月、京へ赴き、藩の軍賦役として活躍。七月、禁門の変で指揮をとる。九月、勝海舟と面談。一〇月～一二月、第一次長州征討をめぐって奔走し、平和的に解決。
慶応元年（一八六五）	一月、岩山八郎太直温の娘糸子（イト）と結婚。この年、大坂、京、鹿児島をめぐり、薩長同盟へ向けて活躍。
慶応二年（一八六六）	一月、伏見で木戸孝允（桂小五郎）と会見。坂本龍馬の立会いのもと薩長同盟を結ぶ。六月、イギリス大使パークスと会見。七月、将軍家茂、大坂城で没す。八月、一橋慶喜、一五代将軍に。一二月、イギリスの通訳官アーネスト・サトウと会談。

慶応三年（一八六七）	四月、久光にしたがい、七〇〇人の藩兵をひきいて、京へ赴く。五月、京の薩摩藩邸で四侯会議（薩摩、越前、土佐、宇和島藩）を開く。六月、山県有朋に倒幕の決意を述べる。一〇月、倒幕の密勅が下る。大政奉還。一一月、坂本龍馬と中岡慎太郎が京の近江屋で暗殺される。一二月、江戸三田の薩摩藩邸が焼き打ちにあう。
慶応四年（一八六八）	一月、鳥羽伏見の戦い（戊辰戦争）が勃発。錦の御旗を賜わる。二月、東征大総督府下参謀に任命。三月、旧幕府陸軍総裁勝海舟と会見。江戸無血開城が決まる。四月、篤姫、江戸城大奥から立ち退く。平和的に江戸城が開城される。慶喜、水戸へ赴く。五月、上野寛永寺黒門口で彰義隊と戦う。七月、江戸を東京と改称。八月、榎本武揚、旧幕府艦隊をひきいて北海道へ向かう。九月「明治」と改元。一〇月、天皇、東京に移り住む。
明治二年（一八六九）	藩主忠義に望まれ、藩の参政につく。五月、箱館戦争へ応援に向かうが、到着前に終戦。戊辰戦争が終わる。すぐ帰途につく。
明治三年（一八七〇）	弟の従道に説得され、上京を決意。
明治四年（一八七一）	一月、新政府に出仕するため、鹿児島を出発。六月、政府の参議につく。七月、廃藩置県を実施。一一月、岩倉具視ら遣欧使節団が出発。
明治五年（一八七二）	五月、天皇の西国行幸に随行。七月、参謀兼陸軍元帥・近衛都督に任命。
明治六年（一八七三）	六月、板垣退助らの征韓論（朝鮮への武力出兵）に反対、使節派遣論を主張。八月、閣議で、西郷が朝鮮使節として派遣されることが決定。一〇月、岩倉具視、木戸孝

	允、大久保利通らの反対で使節派遣が中止。西郷は陸軍大将兼参議・近衛都督の辞表を出し、帰国する。
明治七年（一八七四）	二月、佐賀の乱。六月、鹿児島に私学校を設立。七月末から九月、霧島温泉に長期逗留。
明治九年（一八七六）	三月、島津久光の使者が上京を促すが、断わる。三月、帯刀禁止令が出る。四月以降、各地の温泉に滞在。一〇月、神風連の乱、秋月の乱、萩の乱。
明治一〇年（一八七七）	二月、私学校の生徒が政府の火薬庫を襲った事件を知る。桐野利秋、村田新八らと鹿児島を出発。人吉、八代を経て熊本の本営に着く。西南戦争がはじまる。三月、激戦の末、田原坂を政府軍に奪われる。八月、薩摩軍への解散命令を出す。九月、鹿児島市街に突入、城山に本営をかまえる。一方、政府軍が鹿児島に集結。城山を包囲し、総攻撃をはじめる。九月二四日、洞窟から出て、岩崎谷を下っている途中、銃弾に当たる。別府晋介の介錯で自決。西南戦争終わる。
明治一六年（一八八三）	一一月、徳川宗家一六代家達の養成に尽力していた篤姫が四八歳で死去。
明治二二年（一八八九）	二月、西郷の罪が赦され、正三位を追贈される。

青春文庫

西郷《さいごう》どんと篤姫《あつひめ》

知《し》られざる幕末《ばくまつ》維新《いしん》の舞台裏《ぶたいうら》

2017年11月20日　第1刷

著　者　中《なか》江《え》克《かつ》己《み》

発行者　小澤源太郎

責任編集　株式会社プライム涌光

発行所　株式会社青春出版社

〒162-0056　東京都新宿区若松町 12-1
電話 03-3203-2850（編集部）
03-3207-1916（営業部）
振替番号　00190-7-98602

印刷／中央精版印刷
製本／フォーネット社
ISBN 978-4-413-09682-9

万一、落丁、乱丁がありました節は、お取りかえします。

ほんとうのあなたに出逢う ◆ 青春文庫

想いがつのる日本の古典!
妖しい愛の物語

三輪山の蛇神、葛の葉、
黒姫と黒龍、立烏帽子…
神々や妖異が人と縁を結んだ異類婚姻譚!

古典の謎研究会[編]

(SE-668)

自分の中に孤独を抱け

ひとりでもいい――
弱いままなら弱いまま
誇らかに生きる

岡本太郎

(SE-669)

〝ややこしい〟をスッキリさせる
幕末と明治維新10のツボ

夢、怒り、欲望…が渦巻く
混沌の時代を、ていねいに解きほぐす、
大人のための超入門!

歴史の謎研究会[編]

(SE-670)

日本人の9割が答えられない
理系の大疑問100

電卓はなぜ計算間違いをしないのか?
「何万光年」離れた星の距離がどうして
わかるのか? 納得の「理系雑学」決定版!

話題の達人倶楽部[編]

(SE-671)

ほんとうのあなたに出逢う ◆ 青春文庫

日本人の9割が答えられない
世界地図の大疑問100
「自由の女神」はニューヨークに立っていないってホント？

地図を見るのが楽しくなる
ニュースのウラ側がわかる
世界が広がる「地図雑学」の決定版!!

話題の達人倶楽部［編］

(SE-676)

失われた日本史
迷宮入りした53の謎

時代の転換点に消えた「真実」に迫る。
応仁の乱・関ヶ原の戦い・征韓論…
読みだすととまらない歴史推理の旅！

歴史の謎研究会［編］

(SE-677)

語彙力も品も高まる一発変換
「美しい日本語」の練習帳
いつもの言葉が、たちまち知的に早変わり！

口にして品よく、書き起こせば見目麗しく、
耳に心地よく響いて…。そんな「美しい
日本語」を使いこなしてみませんか？

知的生活研究所

(SE-678)

本当は怖い 59の心理実験

黙っていても本性は隠し切れない！
スタンフォードの監獄実験……ほか
読むと目が離せなくなる人間のウラのウラ

おもしろ心理学会［編］

(SE-679)

論理のスキと心理のツボが面白いほど見える本

ビジネスフレームワーク研究所［編］

「説得力」のカラクリ、すべて見せます。アタマもココロも思いどおりにできる禁断のハウツー本。

(SE-680)

なぜか子どもが心を閉ざす親 開く親

加藤諦三

一見、うまくいっている親子が実は危ない。知らずに、子どもの心の毒になる親の共通点とは！

(SE-681)

知られざる幕末維新の舞台裏
西郷どんと篤姫

中江克己

たった一度の出会いながら、深い縁で結ばれていた二人の運命とは！
——大河ドラマがグンと面白くなる本

(SE-682)

刀剣・兜で知る戦国武将40話

歴史の謎研究会［編］

塩の礼に信玄が送った名刀の謎。大槍「蜻蛉切」に隠された本多忠勝の強さの秘密…。武具に秘められた波乱のドラマに迫る！

(SE-683)